Insupportables collègues

Éditions d'Organisation
1, rue Thénard
75240 Paris Cedex 05
www.editions-organisation.com

Patrick Bouvard, philosophe et psychologue, est rédacteur en chef de rhinfo.com. Il est consultant auprès des entreprises depuis quinze ans.

Jérôme Heuzé, comédien et metteur en scène, est également consultant. Il intervient comme formateur en management et communication.

ISBN : 2-7081-3134-6

Patrick BOUVARD - Jérôme HEUZÉ
Illustrations de Busto

Insupportables collègues

Préface de Patrick Tudoret

Éditions
d'Organisation

Sommaire

Préface

Nous savons, pour avoir un commerce littéraire avec Gracian, Castiglione ou La Rochefoucauld, que toute forme de savoir-vivre procède de quelque savoir feindre ou au moins d'un savoir paraître. Un lent apprentissage de la navigation sociale et quinze bonnes années passées au cœur de l'entreprise nous ont confirmé que – plus que jamais – y règnent les lois informelles d'une puissante féodalité. Suzerains et vassaux y orchestrent une liturgie où le favori d'un jour encourt, à tout moment, bannissement ou disgrâce ; où, souvent, le contrat social est un jeu d'allégeances.

On sait, depuis Aristote, que toute organisation est voluptueusement politique. Vastes entrelacs d'intérêts, collectifs et privés, d'affects vaguement policés, de non-dits, d'enthousiasmes violents, de vanités blessées, l'entreprise est un formidable réseau de langage, de rites. De quoi, en tout cas, laisser perplexe un ethnologue du CNRS, rompu aux pires complexités des sociétés tribales… C'est dans ce maquis, passionnant mais touffu, qu'armés d'une salutaire ironie, nos deux auteurs exercent leur regard aigu, frotté d'expériences vécues.

En dignes disciples de La Bruyère ou de Saint-Simon, ils nous donnent les clés d'une société de cour où fleurit l'imposture. C'est toute la vertu de leurs *caractères*, brillante galerie de portraits qui, du « rond de cuir servile » à la « victime offerte » en passant par « l'orgueilleuse » à gifler ou l'insupportable « eunuque inventif », nous gratifie de figures, toutes plus justes les unes que les autres ; tellement justes qu'elles nous semblent indissociables des couloirs feutrés du tertiaire ou de cet emblème totémique qu'est devenue la machine à café...

« Garder le sens des affaires en gardant le sens de l'humour », c'est le credo de nos deux guides qui clament, sans l'usurper, leur statut de fous du roi. Ils savent, comme nous l'a enseigné Pascal, « *qu'un roi sans divertissement est un homme plein de misères* ». Mais divertir, animer les figures de la vérité, n'est-ce pas dire aussi, parfois – comme dans le conte d'Andersen – que le roi est nu ?

Patrick TUDORET[1]

1. Écrivain, journaliste et consultant en communication d'entreprise. Patrick Tudoret est notamment l'auteur de quatre romans parus aux éd. de La Table Ronde, dont *Créances douteuses* (2003) et *La nostalgie des singes* (1997).

Avant-propos

« [...] L'intégrité, tant prêchée par les gourous du management, est la vertu la moins partagée sur cette terre. C'est par une vaste infantilisation des êtres que se bâtissent les empires. La peur, la paresse, la lâcheté – infuses, diffuses, profuses... – sont de puissants régulateurs des organisations. Le servage consenti est encore l'état le plus ordinaire du monde. Enfin, à vouloir « gérer » sa vie en comptable, on finit dans l'arrière-cuisine à brouter son néant. »

PATRICK TUDORET

L'audit que nous présentons dans cet ouvrage est « caractériel » sous deux aspects bien distincts : d'une part, parce que son objet est de décrire certains caractères types que chacun d'entre nous rencontre inévitablement dans les entreprises ; d'autre part, parce que le profil des consultants que nous sommes répond à une perception critique, alliant une petite part d'ironie à une grosse part de bienveillance de fond.

En bien des aspects, il faut le dire, cet ouvrage s'inspire de celui que l'illustre Jean de La Bruyère (1645-1696) avait lui-même tiré d'une traduction des *Caractères* de Théophraste, moraliste grec disciple d'Aristote (385 env. -322 av. J.-C.).

Il est intéressant – et au demeurant assez corrosif – de constater à quel point les travers et les ridicules des hommes sont les mêmes, dans les cercles de pouvoirs, petits et grands, depuis quelque 2 300 ans ! L'histoire raconte que, à l'époque de La Bruyère, la Cour s'arrachait ces *Caractères* non pas pour connaître la pensée dudit

Théophraste, mais pour deviner, avec force pénétration, « **qui** », parmi les courtisans, avait inspiré à ses dépens tel ou tel portrait assassin. Gageons que l'exercice ne vous séduira pas moins !

Voici donc l'entreprise décrite sous l'un de ses versants les plus quotidiens : la cour du roi. Tout au moins de l'un des rois du dessus ; un de ceux à la place duquel on aimerait être roi soi-même… une cour qui s'étend à tous les niveaux de l'entreprise. Des ducs et pairs aux servantes accortes, des ministres en titre aux petits chefs vieillissants, les intrigues et les alliances, les jeux et le paraître, tout conduit à se forger une seconde nature, faite de « caractères » aisément identifiables et descriptibles. Ainsi condensés en quelques lignes, ces caractères tracent une esquisse de différents types humains, approchés ici par leur côté le plus sympathique : la faiblesse humaine qui les sous-tend.

Plus que des tiroirs, ces caractères jouent ainsi comme des repères permettant de mieux comprendre – et donc de mieux maîtriser – les implications de nos travers dans nos activités professionnelles. Ni traité savant, ni manuel de management, notre étude ne prétend qu'apporter un peu de recul sur nos difficultés relationnelles les plus fréquentes en entreprise.

Ce faisant, ces croquis sont dénués de toute volonté moraliste, voire moralisante ; l'ironie patente qui en est la trame vise plutôt à dédramatiser et démystifier des comportements et contradictions, auxquels personne n'échappe, ni comme victime… ni comme bourreau ! Ces caractères ne sont pas non plus un traité de psychologie sociale. Les analyses, conseils ou avis que vous y trouverez se réfèrent plus à une expérience personnelle de l'humain qu'à des théories psycho-comportementalistes très élaborées. Bref, ni moralisateurs, ni psychologues, nous nous sommes réservé une autre fonction pour cet audit un peu particulier, afin qu'il retienne votre attention.

Autrefois, les rois et les grands s'attachaient les services d'un « fou » chargé, comme l'évoquait Baudelaire, « *de les faire rire quand le Remord ou l'Ennui les obsédaient* »… Responsabilité sanitaire, en quelque sorte ; fonction d'autocritique que le pouvoir rend paradoxalement impossible à tenir pour soi-même. Nous pensons effectivement que l'entreprise moderne s'apparente tellement à la cour du roi, qu'il y faut bien un « fou ». C'est ce rôle-là que nous préférons tenir. Le genre veut donc que nous soyons souvent injustes, peut-être même prétentieux, caricaturant des comportements parfois nobles ou ridiculisant des intentions parfois sincères. Vous ferez le tri vous-mêmes, sachant, comme le dit le proverbe, que « *les fous sont plus utiles aux sages que les sages aux fous* ».

Il doit bien demeurer possible d'avoir le sens des affaires en gardant le sens de l'humour ?! C'est probablement l'un des meilleurs remèdes à l'incontournable schizophrénie de nos journées souvent si mal remplies ! Finalement, s'accommoder des farceurs, et de celui qui est en nous, vaut bien des thérapies et des économies d'antidépresseurs…

Introduction

« Sachez précisément ce que vous pouvez attendre des hommes en général, et de chacun d'eux en particulier, et jetez-vous ensuite dans le commerce du monde. »

Jean de La Bruyère

Nonobstant tout souci d'économie trop scrupuleuse, un dirigeant commanda un audit d'un genre particulier. Ayant fort justement remarqué combien ce qui meut les hommes pouvait avoir d'impact sur leurs comportements et sur leurs performances, il voulut en savoir plus sur l'état psychologique de ses troupes.

L'idée n'était pas de se livrer – le terrain étant déjà rebattu – à un bilan social introspectif, mais plutôt de cerner la cartographie des caractères types que son entreprise avait, bon gré mal gré, pour partie recrutés en l'état et pour partie contribué à cristalliser en son sein…

Il fit donc appel aux soins de Victor, auditeur patenté en psychologie humaine. Victor s'amusa de cette commande singulière et accepta la mission à une condition : qu'on lui laissât toute latitude pour préserver l'anonymat des personnages qu'il décrirait. Ils se mirent d'accord : il ne s'agissait pas de dépeindre des personnes existantes mais des caractères généraux, que l'on peut retrouver chez des salariés d'âge, de sexe et de situation très différents. Ce sont les travers qui sont condamnables, non pas les personnes. Mais poussant à l'excès certaines de leurs dérives, on obtient de sûrs moyens pour devenir un insupportable collègue !

Prétextant un audit « managérial » quelconque, Victor se promena ainsi de-ci de-là dans cette entreprise de 900 personnes. Il arpenta durant plusieurs mois ses services, ses couloirs, ses bureaux, ses salles fumeurs et ses « espaces machine à café ». Il croisa beaucoup de gens, de tous niveaux et de toutes fonctions.

Mais, si Victor s'attacha vite aux défauts des uns et des autres, ce ne fut pas par prétention malsaine ou voyeurisme cynique. Son idée fut d'essayer de comprendre de plus près ces petites manies et ces grandes tendances que nous avons tous, qui freinent la cohésion d'un groupe et grippent lentement l'esprit d'une équipe. Scrutateur attentif, il prit des notes. Il griffonna des silhouettes, dessina des contours et décortiqua petit à petit la structure des types humains rencontrés. Puis, il s'amusa à forcer les traits pour en faire apparaître plus lisiblement toutes les dérives possibles. Enfin, pour brouiller les pistes, il inventa des prénoms, combina ses croquis et recomposa ses caractères de l'entreprise à partir d'un ou de plusieurs traits piochés chez telle ou tel, toutes fonctions dans l'entreprise confondues.

De ses observations, Victor conçut également des réflexions toutes personnelles, que nous avons cru bon d'insérer au fur et à mesure dans le rapport que vous avez entre les mains.

Consultant expérimenté, il ne put s'empêcher de comparer sa présente mission à celles qu'il avait déjà menées dans bien d'autres entreprises : les caractères dont il constatait les dérives se retrouvaient à peu près partout... et partout de la même manière !

La publication de cet ouvrage résulte de cette prise de conscience : tant qu'il y aura des hommes et des organisations, ces caractères stéréotypés y feront jour !

Quoique, à la réflexion, nous les trouvions aussi dans nos familles, dans nos associations, dans nos clubs, et en premier lieu... en nous-même. Bref, comme dit le dicton : là où il y a de l'homme, il y a de l'« hommerie » !

Et c'est bien dans cet esprit que le quotidien s'avère finalement plus amusant que le sérieux... du cornichon.

Des caractères bien trempés…

Alban a toujours une idée en tête. Petit homme jovial et très attaché au bien de l'entité qu'il est censé diriger, son esprit imaginatif fuse constamment de trouvailles organisationnelles et d'innovations managériales. Hélas, son cerveau bouillonnant s'est, semble-t-il, développé au détriment de toute compétence opérationnelle. Alban excelle en effet à réfléchir, mais il est inutile de lui demander d'agir, ni d'assumer la moindre décision !

Alban, ou **l'eunuque inventif**

« L'innovation, c'est d'abord du terrain », aime à répéter Alban. Il virevolte donc de réunions en déjeuners, de débriefing en séminaire, faisant de la proximité d'avec ses collaborateurs un credo indéfectible. Chaque rendez-vous est l'occasion de réflexions assidues, de brainstorming débridés et de concertations tous azimuts. Il en résulte autant de solutions nouvelles que de propositions inédites, qu'il note avec une joie enfantine, dans un petit carnet, pour s'en souvenir plus tard... Apôtre du management participatif sur fond de principe de subsidiarité rigide, il écoute avec le plus grand intérêt les doléances de ses collaborateurs, promet avec ferveur d'y remédier ensemble... mais plus tard.

L'inconséquence est mère de sûreté !

Alban a ainsi le don de décevoir. Quelques mois d'« innovations » lui ont suffi à démotiver tout un service. Chacun s'était pourtant félicité, au début, d'être tombé sur un directeur aussi humble et ouvert. Mais la confrontation à la réalité des idées non réalisées et des promesses non tenues a vite raison des meilleures volontés. Alban trouve alors le moyen de se plaindre de l'inertie de ces collaborateurs, qui rechignent à donner vie à ses inventions et à se remettre en cause. Il n'est pas rare qu'il se lance également, à ces occasions, dans un long et brillant éloge du « management par le bon sens » ; il en manie la théorie avec un mélange de grandeur napoléonienne et d'émotion rousseauiste qui vous laisse pantois.

Du reste, Alban est sympathique. Il souhaite d'ailleurs sincèrement contenter tout le monde. Naturellement démagogue, il ne se croit pas du tout hypocrite : comprenez-le, il déteste avant tout se mettre des gens à dos. Si prendre une décision le désoblige tant, c'est qu'elle risque toujours de faire des mécontents. Cette phobie émascule toutes ses résolutions concrètes. Rester dans les sphères réflexives est assurément plus confortable. De toute façon, la « réalité économique » de l'entreprise se chargera bien d'imposer les choses par elles-mêmes, évitant à Alban un choix qui froisserait certainement tel ou tel…

Ce qui sauve Alban

Comment s'est-il retrouvé directeur ? Par le truchement habituel de l'un de ces réseaux où le copinage l'emporte sur la compétence. De toute façon, son entité est dirigée en sous-main par son adjoint. C'est cet homme discret et froid, au sens des réalités aiguisé, qui prend les décisions à sa place. Une sorte d'arrangement tacite les lie. Cela arrange d'ailleurs tout le monde ; mais les naïfs qui avaient cru voir en Alban un manager différent des autres… en sont pour leurs frais. Que voulez-vous ! Comme dit le dicton : il faut être pris pour apprendre.

Comment **faire agir** Alban ?

Quelques conseils pour obtenir des actes d'Alban

- Ne le faites pas participer à un brainstorming ; il n'en sortirait plus !
- Ne lui demandez pas ce qu'il pense, mais ce qu'il fait.
- Ne lui soumettez pas vos idées, mais faites-lui valider vos initiatives en les assumant seul.
- N'attendez pas qu'il décide, mais faites comme si c'était lui qui avait décidé. Il en sera sincèrement étonné et heureux.

Ne dites pas non plus :

- Pouvons-nous envisager les choses autrement ?
- Quelles orientations pouvons-nous prendre pour les trois ans à venir ?
- Merci de votre écoute, Alban : je suis sûr que vous allez me soutenir dans mes propositions !

Mais forcez-le à assumer ses décisions :

- Demandez-lui régulièrement où en est la réalisation des engagements qu'il a pris.
- Rappelez-lui tout aussi régulièrement les décisions qui sont restées des vœux pieux.
- Intégrez les avis d'au moins dix personnes pour synthétiser le vôtre.
- Faites apparaître que l'originalité de votre avis vient en fait de lui, et que vous assurez la mise en œuvre.

Dites par exemple :

- Suite à votre suggestion géniale de la semaine dernière, j'ai lancé les opérations de réalisation depuis trois jours et tout le monde est admiratif !
- Depuis le temps qu'on parle de réorganisation, il serait peut-être temps de faire quelque chose !
- En public : Alban, vous engagez-vous à me soutenir dans cette initiative ? Si oui, comment ?

Petite satisfaction personnelle

Lorsque Alban partira, fustigez publiquement son indécision et le caractère utopique de ses velléités naïves. Puis reprenez à votre compte ce qui peut marcher, en le faisant faire aux autres, sans trop vous mouiller. Ce n'est pas que nous ayons peur de l'action, mais tout de même…

Notes de Victor

Alban inspire confiance. Il nous donne l'impression réjouissante de sortir de l'anonymat… mais il provoque tant de frustration que son attitude devient contagieuse : ses collaborateurs finissent par faire un colloque permanent et indéfini sur la moindre idée ou potentialité opérationnelle. Il faut l'isoler et l'utiliser comme un incubateur d'initiative et de nouveauté, pour montrer que « ça bouge » chez vous, sans cependant rien changer. Ce peut être très utile dans le fonctionnement managérial moderne !

Alexia est une professionnelle de qualité ; ce qui fait qu'on la supporte. Pour le bien du service, dit-on. Alexia tolère assez mal la gentillesse à son endroit : le sentiment n'est pas assez viril à son goût ; ainsi tient-elle à la fois de la femme et du chat. Pour le dire en un mot : Alexia est orgueilleuse.

Alexia, ou **l'orgueilleuse**

L'orgueil est ce trait de caractère qui fait qu'on s'attribue à soi-même le principe de sa propre excellence. Plus encore, il incite à penser que tous les traits qui sont en nous relèvent de ladite excellence. La notion de défaut n'est alors consentie que comme un avantage supplémentaire, signe manifeste et paradoxal de la grandeur globale. C'est qu'il y a aussi de la vanité, dans l'orgueil… Ainsi Alexia ne peut-elle vivre sur le même pied que les autres : fière, elle s'adresse à vous sur un ton volontiers dénigrant. Si quelqu'un l'aborde dans le couloir, elle commence – sans s'arrêter de marcher – par s'étonner de la faiblesse du propos, puis elle dit enfin qu'on peut la voir le lendemain, entre 19 et 20 heures.

Quand vous la croisez, n'attendez pas d'elle qu'elle engage la conversation : autant lui demander de s'abaisser. Dire bonjour est presque déjà une marque de faiblesse, c'est vous dire ! Nul ne l'a jamais vue arriver à un rendez-vous ou à une réunion autrement qu'en dernier : au besoin, elle attendra dans un coin, ou fera mine de terminer un échange capital. D'ailleurs, rares sont les réunions dont elle ne sort pas avant les autres, avec démonstration, en collant à son oreille, empreinte d'un air affairé, son mobile qui vient soi-disant de vibrer. Empreinte d'un air affairé, Alexia cultive ainsi un côté suffisant, qui reste pour elle le sceau le plus crédible du professionnalisme moderne.

La fin justifie les moyens

Mais Alexia sait également être enjôleuse. Elle sait très bien « utiliser » ses contemporains. Si elle a besoin de vous, elle pourra vous paraître sympathique. Avec un peu de naïveté, vous pourrez même croire qu'elle a laissé tomber l'armure, pour vous laisser voir son vrai visage : ça y est, vous êtes mûr(e) pour lui rendre service ! En revanche, bien entendu, si c'est elle qui vous a aidé, vous devez en garder le souvenir à jamais. Sans quoi elle vous le reprochera publiquement et s'arrangera même pour que tous ceux qui étaient absents apprennent votre incurie.

Alexia « utilise » aussi beaucoup son assistante. C'est elle qui se charge d'annuler au dernier moment ses rendez-vous, ses déjeuners ou ses réunions. Alexia, de toute façon, est très difficile à joindre : n'espérez pas la déranger comme ça. À chaque appel, comme pour toute visite intempestive, vous devrez vous soumettre à un interrogatoire visant à cerner au plus près la pertinence de vos requêtes. N'insistez pas, son assistante a reçu des consignes d'agent de star de cinéma.

Alexia déteste la « médiocrité », entendez par là l'échec, sous toutes ses formes. Mais elle ne hait rien tant que les plaintes et les geignements qui l'accompagnent souvent : Alexia a la jérémiade en horreur. Elle sait même se montrer cruelle avec ceux qui se lamentent un peu trop. Si Alexia fait tout de même preuve de mansuétude, c'est qu'elle est fatiguée et a besoin de vacances, car, en général, elle ne laisse rien passer. Ne pas céder le moindre pouce de terrain : voilà le principe qui sous-tend ses rapports professionnels et ses discussions même les plus anodines. Elle cherchera systématiquement à avoir le dernier mot, surtout si elle a tort : c'est qu'il lui est aussi difficile de reconnaître ses erreurs que de dire merci.

La petite faiblesse d'Alexia

Il n'y a qu'en face de « Monsieur le Directeur » qu'Alexia s'abaisse un peu. Beaucoup même. Lui seul lui semble digne de la conquête qu'elle représente ! Vous la voyez alors se transformer : elle devient attentionnée, obséquieuse, rougissante et bredouillant, presque... fragile ! C'est qu'il y a également de la lâcheté dans l'orgueil.

Comment **avoir de bonnes relations** avec Alexia ?

Quelques conseils pour rester en bons termes avec Alexia

Pour conserver son adhésion, ne faites pas :

- Ne la vexez jamais en public. Alexia ne l'oublierait jamais.
- N'attendez aucune reconnaissance de sa part.
- Ne pensez pas que son attitude vous soit personnellement destinée. Par exemple, demandez-vous pourquoi elle vous a à la bonne en ce moment… Elle a certainement besoin de vous !
- Si vous avez quelque chose à lui demander, évitez de le faire en public. Préférez le tête-à-tête ; toute tierce personne renforce son instinct d'orgueil.
- Ne l'appelez pas sur son portable au moment même où elle fait mine qu'il vibre… il risquerait de sonner pour de bon !
- Si elle est votre chef, ne la contredites jamais d'emblée. Insistez au contraire sur les points positifs de son propos avant de l'interroger, avec beaucoup de délicatesse et de modestie, sur ce qui vous semble pêcher. Grâce à vous elle aura trouvé une bonne idée…

Ne dites pas non plus :

- Votre dureté est la marque de votre professionnalisme.
- Nous n'attendions plus que vous pour commencer la réunion, Alexia.
- Je vous en supplie, Alexia, aidez-moi !

Mais exprimez-vous comme elle !

- Restez très froid et professionnel, et ne faites preuve d'aucun sentimentalisme. Cachez tous vos états d'âme et ne laissez pas transparaître ce que vous pensez.
- Dites beaucoup de bien d'elle dans son dos et laissez jouer la rumeur. Mais ne lui faites jamais de compliment direct : c'est une preuve de faiblesse.
- Ayez une attitude très « franche ». Quand vous lui parlez, tenez-vous droit et ne perdez pas son regard. Ne lui donnez jamais à penser qu'elle vous impressionne ou vous énerve, elle cherchera instinctivement à s'en servir contre vous.
- Alexia prend la place qu'on lui laisse et sait très bien « utiliser » ses contemporains. Ne laissez rien passer, sans emportement, et fixez-lui des limites très claires dès le début.
- Si vous êtes son chef, soyez très exigeant avec elle. Contredites-la le plus systématiquement possible, surtout si elle a raison : il faut lui montrer tout de suite qui commande.

Dites par exemple :

- Ne comptez pas sur moi pour vous faire des compliments, ce n'est pas mon genre.
- Nous avons commencé depuis une demi-heure. Jean-Marc vous fera un résumé, après la réunion.

Petite satisfaction personnelle

Lorsqu'elle sera mutée n'allez pas à son pot de départ, fermez la porte de votre bureau, envoyez-y votre secrétaire et profitez de ces deux heures perdues pour envoyer un mail urgent – avec réponse exigée par mail tournant – à tous ceux qui s'y sont rendus. Non mais des fois ! Ce n'est pas que nous soyons orgueilleux, nous, bien sûr… mais tout de même !

Notes de Victor

À force de croire qu'il faut être méprisant et intransigeant pour avoir l'air professionnel, on engendre le plus souvent autour de soi un surplus de stress et de méfiance qui gangrène lentement une ambiance de travail. On peut même finir par confondre management et terrorisme psychologique. Alexia n'en est heureusement pas encore arrivée à cette extrémité... pour l'instant.

Brice est d'allure affable, la voix mielleuse, sûr de lui. La tête un peu penchée sur le côté, il ne peut vous regarder qu'en biais. Le contenu de votre propos ne l'intéresse pas plus que ce que vous êtes ; seule l'application stricte – à la lettre ! – des consignes de sa hiérarchie occupe ses sentiments. Peut-être l'avez-vous reconnu, si vous en avez déjà subi un : Brice est le stéréotype même du parfait « rond de cuir ».

Brice, ou **le rond de cuir servile**

Animé d'un zèle tout particulier à faire appliquer des décisions qu'il n'a pas prises, seule compte pour Brice la conformité aux consignes qu'il a reçues. Quelles que soient les situations, les circonstances ou l'importance des choix à faire, il mettra toute son énergie à faire appliquer les décrets de sa hiérarchie sans le moindre discernement, au degré le plus premier possible. Cette fidélité psychorigide définit pour lui le règne du « *fondamental* », terme dont il assaisonne pompeusement ses moindres propos comme on aille un gigot. Cette observation univoque des règles édictées ne peut d'ailleurs que le faire bien voir : chaque mot d'ordre général de son responsable le plus influent – car Brice a l'intelligence du ventre – est érigé instamment en oukase universel et indiscutable. De la sorte, ne pourra-t-on rien lui reprocher : il applique les consignes. Il ne fait, n'a jamais fait et ne fera jamais… qu'appliquer les consignes.

Réfléchir, c'est déjà désobéir

Il est sans doute des secteurs où Brice eût pu faire des merveilles : il aurait fait un adjudant hors classe, un inénarrable inspecteur du fisc ou un fidèle encaisseur du « milieu », tenant à la fois de la psychorigidité servile, de la passion exacerbée du petit fonctionnaire zélé et de la jouissance d'intriguer pour le réseau montant. Malheureusement, les approximations, les ambitions personnelles et les querelles intestines de son entreprise voulurent que Brice devienne « responsable formation ». Hé oui !

Cantonné à des tâches subalternes tant que la qualité était à l'ordre du jour, il prit ses galons à l'occasion des réductions de coûts et du nivellement des prestataires. Ses collègues du service formation ne purent qu'assister, atterrés et impuissants, à son irrémédiable ascension.

L'entité à la tête de laquelle Brice fut promu est devenue depuis lors un modèle de stricte conformité au discours institutionnel, et chacun de ses collaborateurs a compris qu'il valait mieux marcher au pas. Tous ont d'ailleurs lâchement – mais avec une intelligence de situation qui les honore – décidé de se taire : le suicide, somme toute, n'est pas une obligation professionnelle.

Tentez-vous de parler à Brice de la performance effective d'un produit de formation ? Lui faites-vous remonter un besoin de compétences validé par les professionnels eux-mêmes ? Vous attelez-vous à lui faire comprendre que la formation est un outil de développement important pour l'entreprise, et qu'il conviendrait de savoir quelles compétences sont concernées ? Il vous répond invariablement : « *réduction des coûts* » ; « *surface géographique* » ; « *réduction du nombre de prestataires* » et « *standardisation des modèles* ». Quels que soient le temps et l'énergie déployés à le convaincre, Brice ne démordra pas de la consigne, qu'il n'a pas hésité à ériger et à décliner en… « *valeur fondamentale* » ! Pas moins !

De ce fait, si vous demandez à Brice d'envisager un ajustement à la règle en vigueur – en raison même de l'esprit de cette règle –, ne vous faites pas d'illusion : ce que vous appelez « l'esprit » est aussi étranger à Brice que de vous regarder comme un être humain. Pour lui, vous ne représentez qu'un agent économique soumis à des procédures réglées et à des objectifs quantitatifs. En outre, pourquoi aller se compliquer la vie avec des questions de management ou de qualité, qui risqueraient de mettre en danger la confiance dont sa hiérarchie fait montre à son endroit ?

La grande force de Brice

Arrêtons-là la description. Peut-être avez-vous le sentiment de vous retrouver dans un roman de Kafka ? Ne vous en étonnez-pas : les « Brice » ont été un des plus solides piliers des systèmes autocratiques ; leur succès historique est dû à l'angoisse fondamentale de tout potentat : celle de ne pas être obéi.

Comment **contourner la psychorigidité** de Brice ?

Quelques conseils pour ne pas subir ses travers

Pour obtenir son adhésion, ne faites pas :

- Ne le contredites jamais et, en présence du patron, soyez toujours pleinement d'accord avec lui.
- Ne vous faites pas valoir, affirmez au contraire que toutes les idées mises en place viennent de lui.
- Ne l'interrompez pas quand il parle ; écoutez-le patiemment, en hochant la tête de temps en temps.
- N'apparaissez pas comme responsable, mais comme un exécutant zélé, afin de lui laisser intégralement porter le chapeau.

Ne dites pas non plus :

- Savez-vous, Brice, que dans l'esprit de la directive que nous avons reçue, nous devrions pour une fois privilégier la qualité ?
- Sens de l'initiative et courage sont propres aux grands entrepreneurs.
- Les directives, on s'en fout.
- J'ai une idée !

Mais attendez-le au tournant :

- Attendez qu'il se plante et prenne tout dans la tête, ce qui ne saurait manquer.
- Pendant ce temps-là, mettez à profit votre inutilité pour préparer la relève de qualité dont vous rêvez.
- Un soir où il est déprimé, demandez-lui combien il coûte lui-même à l'entreprise.

Dites par exemple :

- Si la direction le dit, c'est que c'est vrai.
- Brice, votre prudence est la preuve de votre finesse d'analyse.
- Sens de la hiérarchie et obéissance sont propres aux bons salariés.

Petite satisfaction personnelle

Lorsque Brice sera viré, écartez tous ceux qui pensaient comme lui et promouvez ceux qui pensent comme vous… c'est-à-dire comme le nouveau directeur qui vous a délégué cette responsabilité. Sans être nous-même rond de cuir servile, il faut tout de même mettre un peu d'ordre !

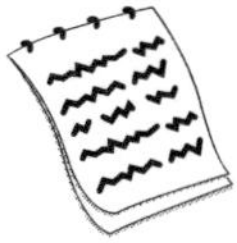

Notes de Victor

Les Brice sont plus nombreux que l'on croit, dans l'entreprise moderne. Ils croissent à la mesure de l'autocratie de ses dirigeants. D'un autre côté, que serait une armée sans adjudants ? Après tout, le business devient bien une « guerre »… tout le monde le dit !

Charles manie le décibel avec la discrétion d'une fanfare teutonne : il rit, il crie, il éclate, il remue tables et chaises ; on bouche ses oreilles. C'est un brouhaha tonitruant. Il n'est pas moins grossier par les choses qu'il dit que par le ton qu'il emploie. Il a si peu d'égard pour le temps, la personne et le respect élémentaire qui lui est dû, que chacun a été raillé sans même qu'il s'en soit rendu compte. Il n'est pas encore assis qu'il a, à son insu, désobligé tout le monde.

Charles, ou **la grossièreté**

Pourtant, Charles n'est pas dépourvu de joie de vivre. Le problème est qu'il est incapable de se concentrer deux minutes sur un même objet. Il bouge tout le temps, et son esprit volubile est difficile à suivre. Une seule chose l'intéresse : l'humour… enfin, le sien, plutôt de type corps de garde. En fait, Charles ne fait rire personne. Alors qu'il croit sincèrement contribuer à la bonne ambiance de son service, il fatigue tout le monde avec des jeux de mots creux et des blagues dont la pauvreté le dispute au mauvais goût… Bien sûr, ce sont les autres qui sont coincés et sinistres. Bref, avec la finesse d'un ovidé adulte et une légèreté de Caterpillar, il confond travailler dans la détente et n'avoir aucune rigueur, réfléchir et se prendre la tête, avoir de l'humour et être grossier et lourd. Le pire, c'est qu'il est directeur.

Au cours des réunions, c'est tout juste si ceux qui connaissent le sujet peuvent ouvrir la bouche. Charles a déjà son idée sur tout – bien qu'il ne soit vraiment au fait de rien – et affirme péremptoirement ce qu'il faut penser. Il s'écarte de l'ordre du jour, raconte son dernier voyage ; manque de s'étouffer de rire à l'anecdote qui lui revient ; s'applique à faire rougir sa secrétaire et fait constater à tous, avec une jouissance non dissimulée, qu'il y est parvenu. Puis il rappelle à tout le monde le respect de l'ordre du jour ; mentionne encore à nouveau agressivement à chacun les résultats à atteindre ; menace ; promet ; déclare enfin qu'il a faim et qu'il est temps de lever la séance.

Salut la compagnie…

Au restaurant, à peine entré, Charles se précipite ostensiblement vers le maître d'hôtel, exige la meilleure table, la meilleure place et s'entoure des plus jolies femmes. Il mange bruyamment, boit goulûment, plaisante abondamment, interrompt chacun sans même s'en apercevoir. Il ne discerne pas les invités de l'ensemble des habitués, abuse de la déférence qu'on lui témoigne et pour cause : n'est-il pas un diplômé distingué, dûment à sa place à ce poste de direction ? Est-ce lui qui invite ? Est-ce l'entreprise ? Est-ce pour honorer ce client fidèle depuis plusieurs années ? Peu lui importe ! Il ramène à lui le principe de toutes choses et se met tout naturellement au centre des échanges, comme s'il en représentait personnellement l'unique intérêt ! Même la qualité des mets ou la finesse des vins ne parviennent pas à lui arracher un moment de silence et d'humilité !

Le mérite de Charles

Ce qui est sûr, c'est que la finesse n'étant pas le propre de Charles, on sait au moins ce qu'il pense, puisqu'il a plutôt tendance à le crier partout qu'à mettre en œuvre l'habituelle langue de bois qui a cours dans les sphères directionnelles. C'est gros, ce n'est pas toujours agréable et c'est dit sans manière, mais c'est clair. En outre, cela correspond souvent à ce que d'autres pensent tout bas sans oser le dire, même en y mettant des formes plus… distinguées.

Comment **supporter** Charles ?

Quelques conseils pour travailler avec Charles

Pour ne pas vous dévaloriser, ne faites pas :

- Ne cherchez pas à parler stratégie, management ou organisation du travail : pour Charles, être pro, c'est savoir improviser, pas *« se prendre la tête »*. Oubliez donc tous les sujets de conversation qui demandent un peu de réflexion.
- Ne discutez jamais de culture : vous passeriez à ses yeux pour un effroyable intellectuel.
- Ne renchérissez pas quand il raconte des blagues, il ne pourra plus s'arrêter.
- Évitez au maximum les déjeuners en sa compagnie… sauf si vous êtes au régime : comme il a le don de couper l'appétit, ça sera moins difficile.

Ne dites pas non plus :

- Très drôle ! Encore une autre, s'il vous plait !
- J'aime beaucoup regarder Arte.
- Charles, avez-vous lu Kierkegaard ?

Pour calmer ses ardeurs :

- Soyez extrêmement synthétique quand vous avez une discussion importante avec lui. Charles n'aime pas *« se prendre la tête »* plus de sept minutes d'affilée.
- Stressez-le par tous les moyens possibles pour entamer sa joie de vivre. Vous aurez peut-être la paix quelques heures.

- Ponctuez vos propos de « gros mots » quand vous lui parlez. Vous lui paraîtrez sympathique. N'hésitez pas à faire des fautes de français : Charles déteste les intellectuels...

Dites par exemple :

- Il faut rigoler et arrêter de se prendre la tête.
- Charles, je crois que votre humour vole moins haut que vous ne le pensez.
- Au fait, vous connaissez celle de Toto en classe de neige ?

Petite satisfaction personnelle

Faites-vous un cahier avec toutes les blagues les plus mauvaises que vous aurez pu glaner sur Internet ou lors de vos soirées entre « amis ». Quand Charles sera muté, resservez-les-lui à son pot de départ, histoire de lui voler la vedette et de lui saper le moral. La vulgarité a du bon lorsqu'on est dans l'ambiance...

Notes de Victor

C'est sûr, une ambiance de travail relativement détendue est agréable et, à moyen terme, plus productive qu'un environnement de stress et de tension trop soutenus. Ce serait même un privilège aux dires de certains. Mais l'excès d'un humour débridé ou trop gras va souvent de pair avec une totale absence d'écoute. Cela peut vite engendrer l'effet contraire à celui attendu. Une sorte de stress, un agacement contenu mais réel peut alors gagner l'entourage d'un Charles, qui s'isole progressivement en ne faisant plus rire personne. Le problème, c'est qu'un directeur est censé donner l'exemple...

Élodie est une jeune femme active qui partage sa vie entre l'entreprise et sa noble charge de mère de famille. Comme beaucoup, elle court après les choses à faire et le temps qui manque. Cette condition n'est pas de tout repos et engendre un stress souvent important. Mais celui d'Élodie est démesuré. Tendue à l'extrême, elle mène une existence au bord de la rupture. Cependant, si elle se plaint sans cesse de son mode de vie, elle n'en changerait en réalité à aucun prix. En résumé, Élodie se soumet avec ferveur à la loi ultra-moderne… du stress en zone rouge.

Élodie, ou le **stress en zone rouge**

Pour Élodie, chaque moment de la journée est occasion à crispation neurologique exponentielle. De la sonnerie du réveil aux bras de Morphée, elle file à un rythme infernal dans une existence où tout l'énerve. Chaque tâche journalière est un « souci » de plus, dont l'enchaînement l'entraîne dans une fuite en avant de tracasseries et une spirale d'anxiété. Infusée de tensions négatives, elle se presse, se crispe, s'énerve et digère mal. Le front plissé, elle porte son quotidien comme un fardeau, dont elle augmente la pression comme à plaisir.

Car ne pensez pas qu'Élodie soit une victime : c'est justement ce qu'elle veut vous faire croire ! Alimenter soi-même le flot de ses ennuis comporte un énorme avantage : il permet de se plaindre en permanence. Savamment soumise aux avanies de l'existence, Élodie s'épanche donc incessamment de lamentations en jérémiades. Sans aucun ménagement, elle vous fait partager ses soucis sans importance où tout est grave, angoissant et potentiellement cataclysmique. N'essayez pas de dédramatiser, elle n'entendra dans vos propos que ce qui pourra l'opprimer un peu plus. En buvant des litres de café, elle subit avec courage le complot permanent des choses, des êtres ou du calendrier.

Stressez-vous, on ne sait jamais !

En fait, Élodie a inventé un moyen simple et efficace de se décharger (un peu) de son stress : elle le communique aux autres. Rien que la voir passer en trombe devant votre bureau vous fatigue déjà. Comme le stress est encore plus communicatif que le rire, elle ne manquera pas de vous pourrir une ambiance de travail. Elle est même devenue la spécialiste de l'incident diplomatique inutile. De toute façon, les gens souriants et sereins lui sont suspects, au travail comme dans la vie privée. Bref, Élodie ferait perdre leur joie de vivre à toute une confrérie de bons vivants gersois.

De plus, Élodie est génialement alarmiste. Quel que soit le sujet de la conversation, elle a le don d'y voir les éventualités les plus fâcheuses et les conséquences les plus négatives. Si vous avez un souci, discutez-en avec Élodie, vous aurez en moins de vingt minutes la description complète de ce qui pourrait vous arriver de pire, état de santé compris.

Ce qui guettait Élodie

Parfois, on pense avec compassion à sa famille car, en ce moment, l'arrêt de travail qu'a dû subir Élodie, à bout d'épuisement, la maintient à son domicile pour de longues semaines de rétablissement. À force de tirer sur la corde…

Comment **rester serein** avec Élodie ?

Quelques conseils pour supporter Élodie

Pour ne pas vous laisser angoisser, ne faites pas :

- Ne déjeunez pas avec elle, si vous n'avez pas le moral.
- Dès que vous la voyez débarquer, inspirez un grand coup, puis concentrez-vous sur le rythme de votre respiration pour conserver votre calme. Ne vous laissez pas atteindre par sa négativité et pensez à une plage déserte des Seychelles...
- Ne lui parlez jamais de vos problèmes, elle en rajouterait.
- Si vous êtes son boss : forcez-la, avant de vous parler, à classer systématiquement les points de son propos par ordre d'urgence et de gravité.
- Ne vous montrez pas compatissant. Restez plutôt indifférent au récit de ses malheurs : elle se cherchera vite quelqu'un d'autre pour la plaindre et vous jouirez d'un répit non négligeable.

Ne dites pas non plus :

- Ma pauvre Élodie, comme je vous plains...
- Alors Élodie, comment ça va en ce moment ?
- Faites-vous le stage de motivation intensive, le mois prochain ?

Pour la détendre un peu :

- Vantez-lui les mérites de la thalassothérapie et du massage énergétique indien.

- Répondez-lui d'une diction inverse à la sienne : ton de voix posé, débit vocal lent, temps entre les mots et les phrases, sourire…
- Interrogez-la systématiquement sur le pendant positif des « catastrophes » qu'elle vous raconte.
- Si vous êtes son boss, instaurez une règle : obligez-la à vous sourire une fois par jour et à vous annoncer au moins une bonne nouvelle par semaine, aussi infime soit-elle.

Dites par exemple :

- Si vous ne me faites pas un sourire dans les cinq minutes, je vous sors de mon bureau !
- Élodie, vous pensez trop.
- Voici une allitération, Élodie : « Les traces de stress que vous semez dans le service susurrent au personnel une suspicion sous-jacente mais non consentante »…

Petite satisfaction personnelle

Si par moments vous êtes trop sous pression, ne gardez pas tout ça pour vous. Déchargez-vous sur les autres : c'est toujours le plus facile. Voyez tout en noir, plaignez-vous, stressez votre entourage autant que vous le pourrez, ne faites attention à personne, restez victime de votre emploi du temps et organisez-vous le plus mal possible pour être toujours surmené. En plus, vous avez une excuse toute trouvée : ce n'est pas de votre faute ! Ce n'est pas que nous soyons stressés, nous, bien sûr... mais tout de même !

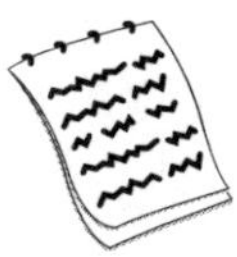

Notes de Victor

Dans la perpétuelle fuite en avant, chaque acte de la vie professionnelle prend le poids mort d'une affaire d'État. Le professionnalisme y devient – en lieu et place de la capacité à reproduire un effet à partir de la maîtrise de ses causes – un éprouvé d'urgence et de tension nerveuse grâce auquel toute chose ne saurait s'accomplir que dans la douleur, l'effort et la fatigue... du devoir soi-disant « accompli » ! Il faut dire, à la décharge d'Élodie, que les pressions opérationnelles et managériales de nos quotidiens reposent sur cette confusion... et s'en nourrissent souvent.

Étienne a une obsession difficile à assumer : il veut plaire à tout le monde. Son ambition n'est nullement de rechercher ce qui est utile, efficace ou juste, mais plutôt d'éprouver cet état affectif dans lequel on se sent universellement apprécié et aimé. Autrement dit, nous avons là l'archétype du caractère complaisant, incarné par ce que nos amis anglo-saxons nomment les « *Yes men* ».

Étienne, ou **le complaisant**

L'idée même de déplaire à quelqu'un, fut-ce à son pire ennemi, le contrarie davantage que de subir un dégât des eaux.

Du coup, Étienne se donne tout le mal qu'il peut pour être au-dessus du lot : ami de tous ; ennemi de personne. Flatté des femmes, admiré des hommes. Félicité par ses supérieurs, envié par ses subordonnés. Valorisé dans ses réussites, plaint dans ses échecs. Haïs par les « cons », désiré par les « gens influents ». Bref, un homme comblé par la reconnaissance d'autrui… ou du moins par l'image de lui-même qu'on lui renvoie.

Je plais, donc je suis !

Rude tâche que celle de plaire à tout le monde ! Chemin ardu que celui des honneurs et de la notabilité !

Étienne, d'aussi loin qu'il aperçoit un homme qui a un peu de personnalité, le salue en s'écriant : « *Voilà quelqu'un qui a du talent !* », l'aborde, l'admire sur les moindres choses, l'accapare, le retient, l'accompagne, convient avec lui que désormais « *on se tutoie* »… et ne se retire humblement qu'à la porte de son bureau ou de son domicile. Mais, avant de le quitter, il lui demande poliment quel jour il pourra le voir en privé, concernant des affaires importantes.

Cependant, si cette même personne – soudainement devenue un « *ami* » – choisit Étienne pour départager un différent avec un homologue, foin de toute décision ! Comme Étienne veut plaire à tout le monde, il ménagera l'un et l'autre, ne faisant rien avancer du débat, ne s'engageant pas, feignant même l'ignorance sur son domaine d'expertise. Il laissera ainsi un collaborateur qu'il estime affirmer des erreurs grossières ou des pensées outrancières.

Si Étienne est invité à un repas, il se soucie des enfants de son hôte, s'intéresse à leurs jeux avec passion et entre en connivence avec eux sous les yeux ébahis des parents… alors qu'il ne déteste rien tant que cette « *engeance enfantine et puérile* », qu'il aura soin de dénigrer auprès de telle autre convive, effrayé par la paternité.

Désirant plaire, enfin et toujours, Étienne est en toute circonstance d'un soigné exemplaire, habitué des vitrines et familier du « dernier cri ». Ses cravates le disputent en prix à ses parfums ; ses costumes aux mensualités de sa voiture « *high gamme* ». On ne le voit guère dans les réunions qu'aux côtés du président, au théâtre dans les loges des comédiens, au restaurant intime du chef étoilé, et à la sous-préfecture cherchant la sous-préfète. Il offre ses largesses aux jeunes qu'il voit monter et commente les leçons de la vie aux vieux qu'il voit baisser.

Le petit calcul d'Étienne

Non que tout soit « placement », car Étienne se pense « noble » ; mais enfin l'essentiel est bien dans l'avenir…

De toute façon, si vous ne le croyez pas – et si vous le lui dites –, si vous dénoncez même ce travers fort pénible… Étienne vous dira que vous avez bien raison et que vous êtes tous deux d'accord sur l'essentiel.

Comment **démasquer** Étienne ?

Quelques conseils pour voir clair dans son jeu

Pour l'amener à moins d'hypocrisie, ne faites pas :

- Ne lui demandez pas s'il est franc et sincère dans ses propos.
- Inutile de lui montrer ses contradictions ; mais placez-le en présence de plusieurs personnes opposées dont il attend une reconnaissance : vous le mettrez en difficulté !
- Ne l'agressez pas, faites lui plutôt sentir que vous le valorisez et que vous pouvez lui être utile.
- Ne comptez jamais sur ses paroles ; tâchez plutôt de lui faire écrire – voire signer – ses engagements.

Ne dites pas non plus :

- Dites-moi, Étienne, que pensez-vous de moi ?
- Votre réseau est proprement impressionnant !

Mais exprimez-vous comme lui :

- Soyez très conciliant avec tous ses propos, avis et opinions.
- Demandez-lui de ses nouvelles personnelles ; n'oubliez pas qu'il fonctionne à l'affectif et a besoin de reconnaissance.
- Vous étant inquiété de lui, arrivez-en enfin à ce que vous voulez : il sera mieux disposé.

Dites par exemple :

- Le P-DG m'a justement parlé de vous avant-hier ! Vous êtes l'une de nos valeurs sûres. Pourriez-vous me terminer ce dossier pour demain ?
- Le franc-parler, y'a qu'ça d'vrai !

Petite satisfaction personnelle

Lorsque Étienne sera muté, coupez tout contact avec lui, tout en reprenant à votre compte son réseau de gens bienveillants. Laissez entendre à tout le monde que c'est de vous qu'il tenait sa grâce… et de vous qu'il tient aujourd'hui sa disgrâce. Comme dit Machiavel, il vaut mieux être craint qu'aimé.

Notes de Victor

Les cercles du pouvoir et des réseaux d'influence regorgent d'individus comme Étienne. Dès qu'on a un statut un peu supérieur, dans quelque domaine que ce soit, on les voit arriver de loin ! Être votre intime devient leur souci premier : ils sont les plus courtisans dans toutes les cours du monde. Cependant, comme « tout flatteur vit aux dépens de celui qui l'écoute », les retombées sont souvent douloureuses. Mais, dans l'ensemble, nous rétablissons l'équilibre ! Néanmoins, il est des secteurs de l'entreprise où les Étienne sont utiles : à la prospection clients ou à l'accueil des VIP, par exemple.

ixFélixFél

Félix est le collaborateur qu'on rêve d'avoir dans son équipe. Loyal et foncièrement honnête, il aime le travail bien fait. Il présente de plus un indéniable avantage pour sa hiérarchie comme pour ses collègues : Félix ne se sent bien que dans le rôle de la victime.

Félix, ou **la victime offerte**

D'un comportement professionnel naturellement droit et tourné vers le bien de son équipe, Félix a un vrai sens de l'abnégation. Peu importe la difficulté des tâches à accomplir. On lui donne donc les plus rébarbatives : on sait que l'on peut « compter » sur Félix. Et comment pourrait-il en être autrement : de nature discrète et sensible, le moindre reproche est pour lui une blessure durable...

Un diplôme au-dessous de son mérite le pénalise, hélas, dans sa carrière : il se donne donc sans compter. Mais s'il cherche à se valoriser par son zèle aux yeux de sa hiérarchie et de ses collègues, ce n'est pas par arrivisme. Non, c'est par un besoin chronique de reconnaissance. Ses espérances sont d'ailleurs littéralement comblées lorsque certains de ses supérieurs lui donnent des « missions de confiance » (entendez par là des travaux particulièrement pénibles et secondaires). Félix, sincèrement ému par tant de sollicitude, s'en acquitte avec un zèle à la hauteur de sa déférence. Et s'il n'a souvent pas le temps de déjeuner, il demeure persuadé que ses sacrifices lui vaudront l'amitié et la gratitude de ceux qui semblent déjà le considérer comme un « collègue ».

Si vous saviez ce que je vous aime !

Persuadé que la compétence et la modestie sont les vertus du monde les mieux récompensées, sa crédulité n'a d'égale que son asservissement, car Félix a le don de se sous-estimer. Mettant systématiquement en avant ses défauts, il croit briller par ce qui représente à ses yeux la plus haute des valeurs : la volonté de s'améliorer. Cette contradiction constitutive de sa personne, étrangement balancée entre humilité vraie et fausse modestie, en fait la victime idéale et le souffre-douleur rêvé des petits chefs avilissants en mal d'oppression facile. N'était-t-il pas déjà tête de Turc à l'école ?

C'est que, à tout prendre, Félix préfère être victime que bourreau : c'est beaucoup moins culpabilisant. Ses employeurs l'ont d'ailleurs très bien compris, puisqu'à poste équivalent, il est systématiquement moins bien payé que ses collègues. Parfois, Félix prend son courage à deux mains et va s'en plaindre à son responsable RH. Ce genre de démarche est pour lui un véritable calvaire : il doit se défendre et mettre en avant ses qualités, lui qui déteste tant la vanité et la pédanterie ! Heureusement, on a à peine le temps de le recevoir et on lui promet laconiquement que son augmentation est en cours. Félix le croit sincèrement… il a même des scrupules d'avoir douté d'un lien de confiance si solide.

Enfin arrive la récompense tant méritée : on propose à Félix… une promotion ! L'intitulé du poste est plus glorieux et son niveau de responsabilité accru. Seul le salaire reste inchangé, mais pas d'inquiétude, on lui promet une augmentation dans les six mois. Il n'ose évidemment pas en demander une confirmation par écrit. Une telle ingratitude lui semblerait si mesquine, si peu conforme au respect dû à ceux qui lui témoignent (enfin) tant de reconnaissance ! Sa ferveur redouble donc d'intensité, fidèle aux méthodes qui lui réussissent si bien. Le félicite-t-on, le remercie-t-on, il répond invariablement : « C'est normal ! », masquant sa fierté sous un vernis de noble indifférence.

Le solde de Félix

Mais, à force de le dire, on finit par le croire ! Avec le temps s'érode la reconnaissance, ainsi que la légitimité d'une augmentation : après tout, il ne fait que travailler correctement...

Bref, même salaire pour plus de travail : voilà pour un responsable RH une promotion réussie !

Comment parvenir à **secouer** Félix ?

Quelques conseils pour valoriser Félix

Ne le stressez pas inutilement :

- Ne trahissez pas sa confiance. Vous pouvez compter sur Félix, ne l'oubliez pas !
- Ne vous attendrissez pas de ses sentiments chaleureux.
- Empêchez-vous de l'aider malgré lui.
- Ne le plaignez pas, refusez-lui le droit à la jérémiade et ne le laissez pas se mettre en position de victime.
- N'oubliez pas de le considérer comme un élément de valeur pour votre équipe, même s'il n'est pas de ceux qui se mettent systématiquement en avant.

Ne dites pas non plus :

- « On ne sait pas quel est votre plus grand défaut : l'incompétence ou l'arrivisme ». Vous seriez cause d'une grave dépression…
- « Voyons, Félix, peu importent les moyens, seul compte le résultat » : il ne vous accordera plus aucun crédit.
- Savoir se remettre en cause est la plus grande preuve de sagesse.

Mais donnez-lui confiance !

- Mettez en avant ses compétences pour lui donner confiance. Les reproches ou félicitations, surtout publics, ont sur lui un impact très fort. Usez-en à bon escient.
- Montrez-vous juste, mais particulièrement exigent avec lui. Il en a besoin.
- Demandez-lui de prendre des initiatives : vous lui permettrez de prendre confiance en lui-même.
- Abusez quand même un peu de sa naïveté quand celle-ci confine à la bêtise.

Dites par exemple :

- La droiture est si rare de nos jours !
- « Votre conscience professionnelle est votre meilleur atout. Vous irez loin » : peut-être le verrez-vous alors verser une larme de reconnaissance.
- Pour vous décharger d'un peu de travail : « Félix, au vu de vos compétences, j'aimerais beaucoup vous associer à ce projet ».

Petite satisfaction personnelle

Lorsque Félix sera muté, faites de votre mieux pour le remplacer. Si son zèle et sa dévotion vous manquent trop, vous commencerez peut-être à douter de vos talents de manager. Vous pourrez même commencer à culpabiliser, à perdre peu à peu confiance, à vous en ouvrir à vos collègues et à vous émouvoir de leur gentillesse. Ce n'est pas que nous soyons victimes offertes, nous, bien sûr… mais tout de même !

Notes de Victor

Étrange orgueil que celui de Félix. Au lieu de s'étaler à la mesure de son intensité, il est complètement intériorisé, je dirais même complètement refoulé. Pas étonnant que Félix soit si sensible à la critique. Il ne faudrait pas oublier que l'humilité passe d'abord par la reconnaissance de ses propres qualités. En fait, il vit dans l'illusion que la pitié engendre la sympathie, et que se rabaisser systématiquement permet de se valoriser aux yeux des autres : grave erreur pour qui connaît un peu les hommes ! Car Félix est très compétent, et c'est d'ailleurs ce qu'ont très bien compris ceux qui l'utilisent... sans pitié.

Toute petite déjà, Florence donnait des ordres à ses petits camarades. Elle régentait sa classe par une autorité aussi naturelle que précoce, et aurait bien mis au pas sa maîtresse d'école si une stupide différence d'âge ne l'en avait empêchée. Vous l'aurez compris : Florence est de ceux qui s'affirment d'emblée comme leader au sein d'un groupe. Son charisme de chef se double, toutefois, d'une angoisse sourde, qu'elle cache mal sous les excès d'un despotisme souvent caractériel : Florence craint que la maîtrise absolue de la réalité ne lui échappe.

Florence, ou **l'angoisse dirigiste**

Douée d'une énergie hors du commun, Florence gère d'une main de fer une entité qui a intérêt à lui obéir sans discuter. Elle dispense autour d'elle ordres et consignes, que chacun se doit de suivre à la lettre s'il ne veut pas subir les foudres de ses remontrances militaires. Car, quand « ça ne va pas », Florence ne se gêne pas pour le dire… bien au contraire ! Sa franchise n'a d'égale que la fréquente brutalité de ses propos ; le verbe haut et l'air impérieux, elle tiendrait tête à tout un aréopage de directeurs… Son domaine d'influence s'étend jusqu'à son couple, où le port du pantalon lui revient de droit, donc de fait. Bref, main de fer dans un gant d'acier trempé, Florence n'est pas de celles « qui se laissent impressionner », comme elle aime à le répéter souvent !

Mais, par une alchimie complexe, Florence semble secrètement douter de son ascendant naturel. Tous les prétextes sont bons pour renforcer une autorité qu'elle veut sans partage, mais qu'elle croit en permanence mise en danger. Volontiers bourrue, Florence secoue ainsi régulièrement ses collaborateurs pour des broutilles. Elle a également développé des aptitudes dialectiques certaines, lui permettant de prendre systématiquement en défaut ses interlocuteurs. Florence cherche ainsi toujours à avoir le dernier mot, quitte à faire montre d'une mauvaise foi peu commune. Malheur à vous, si vous cherchez à la contredire publiquement : elle prendra votre désaccord comme une remise en cause directe de son pouvoir, et vous fera payer au prix fort une telle insubordination. Bref, ce qu'elle présente volontiers comme une haute exigence professionnelle cache mal un manque de confiance en elle-même.

L'idée de ne pas être au courant de ce qui se passe dans son équipe lui est peu supportable. Toute discussion qui lui échappe réactive instantanément son angoisse dirigiste... qui peut même alimenter une certaine paranoïa. Dans les couloirs, par exemple, si elle croise un groupe de collaborateurs qui discutent, c'est qu'ils manigancent un putsch... Elle s'y incruste tout naturellement, en faisant le plus de bruit possible, interroge les uns et les autres, cherche à les contredire, imposera ses points de vue pour avoir le dernier mot, avant de sommer chacun de retourner à sa tâche. Elle retournera fièrement aux siennes, l'angoisse apaisée et avec le vague sentiment d'avoir accompli un acte managérial d'une haute qualité...

L'œil de Moscou

Travailler avec Florence n'est donc pas de tout repos, car elle impressionne... et fait même vivre un enfer de pression à ses collaborateurs ! En fait, elle crée, sans trop s'en rendre compte, un stress qui confine à la terreur. Il paraît que certains en rêvent même la nuit... De plus, elle a besoin d'avoir une emprise sur les gens pour leur faire confiance. Elle cherchera donc toujours à connaître la vie privée de ses collaborateurs et à actualiser régulièrement ses connaissances par son réseau d'informateurs !

L'esprit d'équipe revêt également pour elle une importance fondamentale. Elle a besoin de sentir son entité comme un corps unifié : cela lui permet de s'en sentir plus facilement la clé de voûte autocrate. Elle ne se méfie rien tant que des collaborateurs trop individualistes, sur lesquels elle n'a pas de prise. Les gens secrets lui sont louches. Ainsi cherche-t-elle à créer une sorte d'esprit de famille, aux relents « maternalistes ». Aux rapports professionnels se mêlent le plus souvent des éléments de la sphère privée qui compliquent encore l'ambiance de travail. Tout cela ne va pas sans une atmosphère étouffante, faite de suspicion contenue et d'obligations extra-professionelles. Car travailler ensemble, c'est aussi manger ensemble, sous peine d'être suspecté d'individualisme forcené et de refus de s'intégrer... Petit à petit pourraient alors se tisser les raisons de votre exclusion.

La loyauté de Florence

Malgré tous ses défauts, Florence possède une qualité rare aujourd'hui : elle est capable de défendre ses collaborateurs. Elle n'hésitera pas à se mettre en danger pour couvrir un collaborateur loyal. Elle déteste la complaisance et apprécie la franchise, jusqu'à se « mouiller » si nécessaire. Voilà qui n'est pas si fréquent dans les organisations modernes… qui tendent plutôt à l'étanchéité !

Comment **tolérer** Florence ?

Quelques conseils pour rester patient avec elle

Pour éviter ses foudres, ne faites pas :

- N'ayez pas l'air d'un franc-tireur individualiste : Florence vivra votre attitude comme un sujet d'angoisse et cherchera à vous casser par tous les moyens.
- Ne cherchez pas à faire preuve d'initiative sans la mettre au courant au préalable : elle prendra votre geste comme une trahison dont elle ne se privera pas de vous faire subir l'opprobre publique, surtout si votre idée était bonne.
- Ne cherchez pas à la contredire publiquement : c'est peine perdue. Vous essaierez de la convaincre alors qu'elle ne fera que défendre bec et ongles son autorité, que vous menacez à votre insu.
- Ne vous épanchez pas en jérémiades, Florence déteste cela !
- Ne parlez pas trop de votre vie privée, elle pourra instinctivement s'en servir contre vous.

Ne dites pas non plus :

- Je déteste l'esprit d'équipe.
- Florence, vous racontez n'importe quoi !
- Ça ne vous regarde pas !

Mais restez consensuel !

- Discuter régulièrement avec elle en tête à tête, même brièvement. Florence a besoin de connaître vos pensées, ça la rassure.

- Si vous n'êtes pas d'accord avec elle, n'en parlez pas trop autour de vous, ou faites attention avec qui vous vous épanchez : les nouvelles vont vite !
- Au cas où vous auriez à exprimer un désaccord avec ses opinions, allez d'abord lui en parler, calmement si possible, en insistant sur le fait que vous n'avez rien contre elle et que vous reconnaissez son autorité.
- Ayez toujours une bonne excuse pour ne pas déjeuner avec vos collègues.

Dites par exemple :

- J'ai eu une idée, Florence, et je tenais avant toute chose à vous en faire part.
- Florence, votre loyauté vous honore !
- Vous êtes un peu notre mère à tous, Florence !

Petite satisfaction personnelle

Si vous n'en pouvez vraiment plus de cette ambiance de travail, dénoncez Florence à la CNIL et demandez une enquête concernant les informations nominatives à caractère privé qui traînent dans le service. Une fois qu'elle sera mutée, accueillez comme un sauveur son remplaçant en espérant qu'il vous fera vivre les joies d'un management ultra-libéral où tous les collaborateurs sont des agents économiques interchangeables !

Notes de Victor

Comme dit le Chat de Geluck : « À force de regarder les choses sous un certain angle, on finit par avoir le regard en coin ». Vouloir défendre son autorité est compréhensible ; ne pas vouloir être dupe également ! Mais lorsque la vigilance légitime se transforme en obsession suspicieuse, la paranoïa n'est pas loin ! Sans compter qu'à trop vouloir maîtriser les rapports humains, on finit par les scléroser. On se fait plus souvent abuser par la méfiance que par la confiance. N'y aurait-il pas pour Florence une place à la comptabilité ou au service contentieux ?

François a tout lu, a tout vu, a tout « fait », et il entend que tous le sachent. Il ne goûte rien tant que cette lueur d'admiration dans les yeux d'un honnête homme, normalement instruit, qui ne le connaît pas encore. C'est un homme extrêmement cultivé, un homme universel, et il se montre comme tel : il aime mieux mentir que de se taire ou de paraître ignorer quelque chose.

François, ou **la culture confiture**

Quelqu'un parle-t-il à sa table du pays qu'il a visité au cours d'un voyage ? François le coupe et prend longuement la parole : il a « fait » plusieurs fois ledit pays et s'y oriente les yeux fermés. Puis, avant que quelqu'un d'autre ose encore lui voler la vedette, il vous relate par le menu les aventures de ses trois tours du monde. Il parle avec tant d'assurance et d'apparente précision que l'on commence déjà à envier la fortune qui est la sienne. Car il ne saurait se déplacer sans loger dans « *les plus beaux hôtels du monde* ». Il vous les décrit d'ailleurs avec une émotion surfaite, vous faisant sentir sans scrupule la magnificence et le luxe auquel il a, *lui*, accès !

Quelqu'un parle-t-il d'un vin admirable qu'il a eu l'occasion de goûter ? François ne le laisse pas s'exprimer sur une bouteille qui est pour lui hebdomadaire : à peine si on ne la lui sert pas au cruchon ! Et de renchérir sur des vins encore plus rares et surtout beaucoup plus chers : à son dernier repas chez Taillevent, mardi dernier, n'a-t-il pas dégusté un corton-charlemagne 1975, suivi d'un romanée-conti 1945 ?

Quelqu'un entame-t-il un propos sur l'exposition de peinture qu'il a visitée ? Ha ! C'en est fini pour deux longues heures, car François ne connaît rien tant que la peinture ! Il disserte avec aisance sur les écoles et les grands Maîtres ; raconte la dernière anecdote des contemporains qu'il connaît et qui sont évidemment ses intimes. D'ailleurs n'a-t-il pas chez lui un véritable petit musée avec des huiles de valeur ?

Hors de la culture, point de salut

Quelqu'un dit-il son admiration pour un livre qu'il vient de lire ? François s'étonne tout haut de sa naïveté et de son inculture, car sur le sujet, on a fait évidemment bien mieux ! Et de mentionner quatre ou cinq gros ouvrages, avec titre, auteur, année, biographie de l'auteur et édition.

Le fait est que François s'intéresse à tout et est doué d'une mémoire d'éléphant ; que ce soit en cinéma, théâtre, poésie, histoire, science, cuisine, santé, économie, éducation, sport, politique… François a son mot à dire. Il a son expérience sur le sujet, qu'il veut solide, et son avis sur la question, toujours péremptoire. Il n'y a guère qu'en robinetterie de salle de bains ou en soudure au cuivre qu'il ne connaît pas grand-chose. Qu'importe : s'il trouve sur son chemin un plombier chauffagiste trop vantard, il pourra toujours le faire passer pour un crétin, jeu auquel il excelle entre tous, ultime rempart de sa vanité, plus extensible encore que sa culture générale. Le manque de déférence envers sa supériorité culturelle lui est, en effet, plus pénible que la pire des incompétences.

Car François n'aime rien tant que moucher ses interlocuteurs, les prenant en flagrant délit d'inculture caractérisée. Toujours calme et méprisant, il monopolise une fois de plus la parole et leur donne un cours magistral en bonne et due forme. Parfois, on rêve qu'un spécialiste de la question surgisse dans la conversation et l'humilie un bon coup en démontrant à tous qu'il en connaît beaucoup moins long qu'il ne le dit. Car François, dans cette arrogance que lui confèrent ses certitudes en toutes choses, ne peut bien entendu imaginer qu'il manque d'esprit et d'humanité !

La souffrance de François

Il reste cette petite souffrance... cette solitude intime qui le rend quelque peu amer. L'idée que l'on puisse simplement s'émerveiller des choses, sans recourir à l'extension livresque de la Bibliothèque nationale ou aux commentaires des expositions en tout genre, ne lui est jamais venue à l'esprit. Il ne se trouve vraiment entouré que d'ignares. Le désenchantement du monde le gagne alors pathétiquement : il n'est pas facile d'être le seul à « Savoir ».

Néanmoins, il n'en finit pas de tenter de vous convaincre, avec une maladresse touchante.

À l'usage, vous finissez même par l'aimer : il est si désarmant !

Comment avoir de **bonnes relations** avec François ?

Quelques conseils pour gagner sa considération

Pour échapper à ses foudres, ne faites pas :

- N'essayez pas de faire le malin en parlant péremptoirement d'un domaine où vos connaissances ne sont que parcellaires. François le prendra pour une attaque personnelle et vous risquez ses foudres culturelles.
- Restez-en au strict domaine professionnel. Ne commencez pas à discuter de la pluie et du beau temps, il vous expliquerait tout le mécanisme du réchauffement de la planète.
- François a un esprit de contradiction très développé : si vous vous laissez aller à exprimer vos goûts en sa présence (en cinéma ou autres), préparez-vous à ce qu'il les descende en flamme. Chez lui, c'est un principe : il n'y a que son opinion qui vaille quelque chose. Si vous cherchez alors à les justifier avec passion, préparez-vous aussi à ce que François connaisse mieux le sujet que vous.

Ne dites pas non plus :

- Picasso, n'est-ce pas une voiture ?
- Ma cousine revient de Mongolie. Il paraît que c'est très surfait...
- Alors, qui a gagné à la Star'Ac ?

Mais cherchez à glaner des informations utiles :

- Lancez-le sur un sujet et attendez qu'il ait fini. Posez-lui des questions et ayez souvent l'air admiratif. Si vous avez l'air assez béat, il pourra accepter de vous donner des tuyaux utiles : bonnes adresses ou pièges à éviter dans un pays, expositions à ne pas rater, spectacles qui en vaillent la peine, livres incontournables...
- Puis parlez-en dans vos dîners entre amis : vous aurez vous aussi l'air cultivé !
- En règle générale, flattez-le, il adore ça.

Dites par exemple :

- François, parlez-nous encore du Kamchatka oriental !
- Il y a si peu de collaborateurs cultivés dans notre entreprise ! Vous écouter parler, François, est toujours un vrai plaisir.

Petite satisfaction personnelle

S'il vous énerve, repérez un sujet de conversation où ses connaissances sont un peu flottantes. Potassez à fond la question pendant votre temps libre en essayant de prévoir toutes les objections possibles, faites-vous des fiches pour vous cultiver plus facilement. Demandez au besoin à vos proches de vous faire réviser... Laissez-vous quelques semaines et attendez un déjeuner en public avec François pour lancer discrètement la conversation sur ledit sujet. Peut-être vivrez-vous la joie de l'humiliation culturelle... Après tout, c'est assez jouissif !

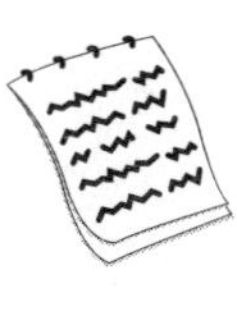

Notes de Victor l'auditeur

À la cour du Prince, tous les moyens sont bons pour se faire mousser. L'étalage culturel est encore l'un des moins dangereux, même s'il reste l'un des plus ridicules. On verse vite dans une pédanterie qui nous fait cataloguer par les autres comme un enquiquineur de première. Il faut néanmoins dire que dans un contexte où l'on répète à chacun qu'il faut savoir se vendre... ceux qui ne sont pas très performants dans leurs objectifs opérationnels sont bien obligés de trouver des terrains de compensation !

Depuis la maternelle, toute la personnalité de François-Régis s'est développée autour d'une préoccupation primale, mais néanmoins constante : en faire le moins possible, en toutes circonstances. Maintenant qu'il est grand, François-Régis « glande » au fond d'un service RH, où il gère ses RTT en attendant le mois d'août. Avec les années, s'est consolidée son allergie à tout ce qui suppose du travail en général et de l'effort en particulier. François-Régis est définitivement atteint du syndrome du baobab manuel subtropical ; ce qui ne l'empêche pas d'utiliser ses dons de camouflage pour dissimuler sa fainéantise aux yeux de ses collègues et de sa hiérarchie. Il faut savoir rester discret pour profiter en paix des avantages de la flemme masquée.

François-Régis, ou la **flemme masquée**

En règle générale, François-Régis boit beaucoup de café. Il est en effet passé maître dans l'art d'enchaîner les pauses en faisant semblant de travailler : il utilise celles de ses collègues, qu'il fait se succéder en fonction de leur emploi du temps. Si l'on cherche bien, il y aura toujours un bureau où se « poser » un moment, une sortie de réunion où perdre dix bonnes minutes, bref un moyen de grappiller du temps sur l'horloge des 35 heures, avant la libération du week-end bien mérité. Le tout est de changer souvent de service, pour ne pas se faire repérer. C'est comme cela que François-Régis masque sa paresse en lambinant dans les couloirs.

En revanche, à force de se promener, François-Régis commence à bien connaître les recoins de son entreprise. Il déjeune même souvent avec un directeur : ce n'est pas qu'il soit ambitieux, c'est que ça donne un bon prétexte pour revenir au bureau vers 15 heures. L'ambition est pour lui une prétention qui demande trop d'efforts ; pourquoi être en première ligne et augmenter un peu son salaire, si c'est pour crouler sous les responsabilités ? Il est beaucoup plus tranquille pour un cossard de se fondre dans un groupe : au sein d'une équipe, on peut plus facilement se décharger de son travail sur les autres. On peut jouer des contrats de délégation, du manque d'information, mais aussi de la division du travail : de médiocres résultats étant moins visibles une fois dilués dans ceux de l'entité. Parfait tire-au-flanc, François-Régis cultive l'art de passer inaperçu.

Trop d'effort tue l'effort

Pour avoir l'air insoupçonnable, il prend toujours l'air débordé. Il remet donc son masque dès qu'il croise quelqu'un, appliquant sagement l'un des premiers commandements de la paresse organisée : *Si tu ne veux pas avoir trop de travail, fais croire à un maximum de gens que tu es débordé.* Son agenda toujours plein peut au besoin en attester. Il vous le montre volontiers, l'ayant rempli au maximum, avec des couleurs, pour avoir l'air organisé. Le sourcil préoccupé et la démarche vive, on le croirait en chemin pour une réunion importante : il s'offre en fait une petite pause bien méritée…

Bien entendu, François-Régis est souvent absent, mais il sait camoufler ses escapades sous des alibis bien pensés. Le jeu est parfois serré, mais il n'est pas à une mauvaise excuse près : la circulation difficile, le dentiste à 15 heures ou l'état de santé de sa grand-mère restant d'excellents jokers. Les obligations de la vie professionnelle l'obligent quand même à travailler un peu. François-Régis sait parfaitement, quand il le faut, donner un « coup de collier », surtout quand son zèle risque d'être remarqué. Ces efforts stratégiques sont des corvées hélas nécessaires pour conserver sa crédibilité et juguler les doutes.

La promotion de François-Régis

Le mois dernier, François-Régis s'est publiquement fait prendre en flagrant délit de paresse devant la hiérarchie par un collègue revanchard. Le masque est tombé : on veut le muter. On lui fait donc un bon dossier pour qu'il parte au plus vite. Chacun des services cherchant en effet la perle rare, vanter les mérites de François-Régis est un artifice pour le faire désirer… et lui rendre un masque bien mérité !

Comment **composer** avec François-Régis ?

Quelques conseils, si vous êtes son boss

Pour l'empêcher de « glander » impunément :

- Ne lui confiez jamais de mission transverse aux contours vagues et aux objectifs flous.
- Ne le menacez pas sur la rapidité de son avancement, il n'en a que faire : vous ne seriez pas crédible.
- Ne le laissez jamais perdre du temps sur des travaux qui ne sont pas directement en rapport avec ses objectifs.
- Ne le laissez pas repartir de votre bureau sans un plan structuré des tâches à effectuer agrémentées de délais précis.
- Ne parlez jamais de la pluie et du beau temps avec lui : vous lui donneriez le mauvais exemple !
- Ne le croyez jamais quand il vous explique qu'il est débordé.

Ne dites pas non plus :

- Laissez tomber : je ne veux pas vous surcharger de travail.
- Faites ce que vous pouvez, on en reparle à l'occasion.
- Que pensez-vous de la situation au Moyen-Orient ?

Mais soyez plus malin que lui !

- Fliquez-le : c'est le seul moyen...
- ... mais soyez imprévisible. Débarquez dans son bureau à l'improviste et demandez-lui de vous expliquer où il en est de son travail. Confiez-lui n'importe quand des tâches sans importance pour l'occuper. Vérifiez régulièrement, mais toujours à des moments différents, l'avancée de ses travaux.

- Si vous n'arrivez pas à le joindre ou à le voir, notez les heures de ses absences et demandez-lui des justifications.
- Soyez très clair dans vos contrats de missions ou de délégations.
- François-Régis cherchera toujours à se décharger d'un maximum de travail sur les autres : interrogez ses collègues.
- Convoquez-le dans votre bureau d'un air sévère aux moments où il s'y attend le moins, même si vous n'avez rien à lui dire. Mais soyez bref : il pourrait en profiter pour papoter et grappiller sur son temps de travail.

Dites par exemple :

- François-Régis, j'ai besoin de vous pour hier !
- Faites-moi un compte-rendu précis de votre emploi du temps.
- Dites-moi, votre grand-mère est décédée combien de fois depuis que vous êtes chez nous ?

Petite satisfaction personnelle

Il n'y a rien de plus difficile dans une entreprise que de se défaire d'une mauvaise réputation : dénoncez partout sa flemme et, quand il sera démasqué, abusez de sa nouvelle réputation : personne ne croira plus qu'il est débordé. Déchargez-vous donc sur lui autant que possible de votre trop plein de travail, même s'il est du coup réellement surchargé. Conservez en permanence un air très affairé et accordez-vous quelques absences bien méritées. Après tout, ce n'est que justice !

Notes de Victor

Toute organisation a ses parasites, qui profitent autant qu'ils peuvent des failles d'un système jamais étanche. Bien que cette injustice soit exaspérante, il est difficile (au moins a priori) d'en vouloir trop à François-Régis, surtout en regard de l'énergie folle qu'il dépense pour gagner un peu de temps, le plus souvent mal occupé… Car le vrai luxe dans ce monde exigeant est sans doute le temps « libre » : celui qu'on garde pour soi, indépendamment des obligations qui nous assaillent… et des alibis à inventer. Sans compter que ce sont toujours les flemmards qui ont fait progresser la technique pour se simplifier la vie !

On pourrait penser, à croiser Géraldine, qu'elle est seule chargée de la stratégie de son entreprise… et qu'elle seule doit en répondre. Fraîchement « chargée de mission » par la Direction générale, elle tournoie et guerroie comme une chevalière bien montée. Si vous vouliez vous la représenter, il faudrait que nous parvenions à exprimer à la fois l'empressement, le stress, la curiosité et l'activisme le plus pur. D'ailleurs, le mouvement constant de ses bras s'agitant sous le souffle incontinent de son verbe n'est pas sans évoquer le moulin-à-vent…

Géraldine, ou **le moulin-à-vent**

Nul n'a jamais vu Géraldine assise, ou même seulement stable sur ses deux jambes ; on ne la voit même pas marcher : elle ne fait que courir, parler en même temps et vous interroger sans attendre la réponse. Elle vient de nulle part et ne va nulle part : elle passe et repasse, vous ne sentez que l'air qu'elle brasse. Vous avez juste à prendre garde de ne pas « tourner » avec elle, car son rythme est proprement insoutenable.

De fait, appliquez-vous à ne pas retarder Géraldine dans sa course précipitée : vous l'angoisseriez gravement ! Ne lui posez pas de questions, à moins que vous parveniez à la persuader qu'elle peut respirer un instant et que rien ne légitime une ardeur si zélée ! Si vous y parvenez, dépêchez-vous de placer votre propos, car les accalmies sont de courte durée au royaume du vent !

Encore, encore, toujours encore et encore !

Géraldine n'est pas de celles et ceux qui grenouillent auprès du directeur, le pressant de toute part et ne se déplaçant qu'avec lui ;

elle est plutôt comme une avant-garde dévastatrice : elle le précède et l'annonce en tout lieu. Elle se lance impétueusement à travers couloirs et bureaux, et il n'est pas de lieu où l'on ne l'aperçoive au moins trois fois dans la journée. Même la photocopieuse a ses grâces, le local étant toujours fréquenté.

La compétence de Géraldine est finalement d'être vue et revue et de ne jamais quitter son travail qu'en dernier, avec le sentiment du devoir accompli ; un devoir « *si utile à son entreprise* » ! Du reste, elle est parfaitement au courant de toutes les nouvelles anodines, des bruits de couloirs, des intrigues et des petits changements. Bref, elle sait tout ce que l'on peut raisonnablement ignorer pour travailler normalement.

L'aveuglement de Géraldine

Il ne lui manque aucun des talents nécessaires pour progresser médiocrement. Géraldine est opportuniste sur tout ce qu'elle croit utile à sa carrière. Elle est entreprenante, légère et précipitée. Elle poursuit sa fortune… sans s'apercevoir qu'elle est déjà derrière elle.

À force de courir… elle l'a dépassée, sans même la voir.

Comment **tempérer** Géraldine ?

Quelques conseils pour calmer Géraldine

Pour obtenir un peu de répit, ne faites pas :

- Ne prenez pas l'air affairé, même si vous l'êtes ; Géraldine penserait qu'elle a un ou une rival(e) !
- Ne laissez pas non plus transparaître le moindre affolement sur une affaire difficile, elle vous placerait dans un stress insoutenable ! Au contraire, gardez toujours l'air serein.
- Ne vous levez pas en lui parlant, sous peine d'être pris(e) de vertige, mais tentez d'obliger Géraldine à s'asseoir.
- Ne lui faites pas mettre une robe à crinoline pour la soirée festive de l'entreprise, elle balaierait tout sur son passage ! En revanche, prévoyez des tubes discos, vous la mettrez en valeur sans qu'elle ait l'impression de danser !

Ne dites pas non plus :

- J'ai besoin de vous ce soir ; pouvez-vous vite finir ce que vous avez à faire et rester une heure de plus ?
- Nous n'aurons jamais fini ce dossier à temps !
- Il se peut que le directeur passe cette semaine dans notre service, Géraldine.

Mais entrez dans son jeu !

- Situez pour elle toute chose comme urgente : peut-être la ferez-vous exploser, comme ces vieux réveils à ressort lorsqu'on les remontait trop !
- Regardez-la d'un air entendu, comme si vous compreniez son empressement.

Dites par exemple :

- Vous ne m'avez pas l'air très en forme, aujourd'hui, Géraldine ! Voulez-vous une vitamine C ?
- À ce train-là, vous n'irez pas loin, Géraldine ! Il faut vous activer un peu et vous investir personnellement.

Petite satisfaction personnelle

Lorsqu'elle sera mutée, profitez de l'immense espace qu'elle aura laissé vacant pour déployer votre propre zèle. Reprenez même le sien à votre actif : n'était-elle pas votre collaboratrice ? Et puis… il faut se dépêcher avant que quelqu'un d'autre saute sur le créneau !

Notes de Victor

À vouloir trop en faire, Géraldine finit par ne rien faire. C'est un grand classique ! Pourtant elle veut bien faire ! Elle confond simplement agitation superficielle et performance pratique. Mais à semer le vent, on récolte la tempête ! Géraldine aura du mal à comprendre qu'on ne la considère pas comme la plus active et, par conséquent, la plus compétente ! Peut-être serait-il opportun de la mettre sur un long dossier d'enquête, avec une dominante de travail personnel de recherche ?

yGuyGuy

Guy est un cadre RH qui se pense à haut potentiel et qui a les ambitions correspondantes… Il ne s'entretient pas avec les gens qu'il croise dans les couloirs ou dans les bureaux : si l'on en croit la gravité et le ton apprêté de sa voix, il les reçoit, leur donne audience, les congédie. Il use d'un vocabulaire à la fois feutré et hautain ; il demeure sérieux en toutes circonstances et se mêle de tout, sans discernement. Son côté obséquieux embarrasse fort ses amis, qui ne voudraient pas le mépriser.

Guy, ou **l'opportuniste**

Guy est plein de lui-même, s'écoute parler, se regarde agir, ne sort point de l'idée de sa carrière, qu'il a constamment en tête ; il se passe et se repasse à plaisir le film de tous les avantages qu'il vise. Il les arrange et les réarrange indéfiniment, comme un enfant avec son jeu de cubes. Mais toujours sérieusement. Il fait ses plans et croit les optimiser par leur répétition quotidienne. Il parle à chacun de son rang, de ses hautes relations et laisse transparaître en semblant les cacher, par ostentation, les menus avantages dont il dispose déjà. Guy, en un mot, veut être directeur ; il croit qu'il en a l'étoffe. Il ne l'a pas, mais il prend les manières d'un directeur. Si parfois il sourit à un subalterne, à un collaborateur qui a eu un trait d'esprit le flattant, il le fait si rapidement que nul autre ne peut s'en apercevoir ; en effet, le rouge lui monterait au front s'il était surpris à manifester la moindre familiarité envers quelqu'un qui n'est ni bien placé, ni influent, ni ami d'un directeur, ni son allié, ni son assistant. Il est sévère et sans aucune considération pour qui n'a pas atteint encore son niveau hiérarchique.

À chaque jour suffit sa morale

Tel un caméléon arriviste, l'existence de Guy consiste essentiellement à changer de couleur au gré des circonstances. S'il vous aperçoit un jour dans un couloir, il vous fuit. Mais, le lendemain, s'il vous y trouve en compagnie du directeur du développement RH, il devient arrogant, vient vers vous et vous dit : « *Cher ami, je vous ai vu hier !* ». Tantôt, il vous quitte brusquement parce qu'il a vu passer un autre directeur ou son adjoint ; tantôt, s'il les trouve en train de parler avec vous, il vous coupe et s'entretient avec eux. Vous l'abordez le surlendemain et il ne s'arrête pas. Il se fait suivre partout de son assistante, de sa secrétaire et d'un collaborateur zélé ; il parle si fort que c'est un spectacle pour ceux qui passent. Aussi Guy est-il toujours en représentation ; il ne déteste rien tant qu'être naturel. C'est un vrai personnage de parodie : un Tartuffe, un Bourgeois Gentilhomme, un Trissotin.

On pourrait continuer longtemps à parler de Guy : servile et timide devant les directeurs généraux, plein d'arrogance et de suffisance avec ceux qui ne sont « que » compétents dans leur métier ; muet et embarrassé avec les experts ; bavard, expliquant tout et condescendant avec les jeunes embauchés. Il parle technique produit avec les comptables et gestion analytico-stratégique avec les assistantes. Il tient des propos sur l'art et les voyages aux employés de son service et sur la douceur de la vie de campagne à ses commerciaux. Il n'a pas de règle de conduite, encore moins d'éthique : il s'adapte au jour le jour, au fil et au gré de son intérêt et de ses petits calculs.

Le petit inconvénient de Guy

Comme beaucoup de spécialistes du prêt-à-porter réversible, Guy peut paraître tout à fait charmant. Ce n'est pas qu'il soit dépourvu de pensée, ni de culture ou de valeur personnelle ; mais il emprunte ses propos aux uns et aux autres, au gré de leur utilité. Hélas, il préfère plagier celui qui a les faveurs du Grand Président plutôt qu'un salarié plus compétent ou visionnaire. Il faut savoir rester prudent…

Comment vous **situer** par rapport à Guy ?

Quelques conseils pour manipuler Guy

Sans vous énerver, ne faites pas :

- Ne soyez pas trop prévisible. Ayez toujours l'air mystérieux, comme si vous aviez une mission ultra-confidentielle transverse, en rapport avec l'évaluation stratégique des potentiels...
- Si vous êtes le patron, donnez-lui une « mission de confiance » sans aucun impact, mais de très longue durée, en lui imposant de ne vous rencontrer, par « discrétion », que tous les deux mois et tard le soir.
- Ne vous laissez pas amadouer par ses compliments : restez intransigeant(e), si vous y arrivez, en ne le jugeant que sur ses qualités professionnelles. Dénoncez au besoin ses insuffisances devant un groupe de directeurs.

Ne dites pas non plus :

- Guy, donnez-moi votre avis, en toute franchise.
- À la cour, on apprend à composer son visage sur celui du Prince !
- J'ai une entière confiance en vous, Guy.

Pour le mettre dans votre poche :

- Arrangez-vous toujours pour arriver en compagnie d'un directeur, en ayant l'air de plaisanter avec lui. Guy ne manquera pas de le remarquer et vous deviendrez important(e).
- Abusez sans scrupules des sous-entendus et des rumeurs de pouvoir.

- Laissez-lui entendre qu'en privé vous tutoyez le patron.
- S'il vous témoigne une quelconque familiarité, tournez froidement les talons. Il vous courtisera pendant de longs mois.
- Un soir, recevez-le dix minutes, puis prétextez un rendez-vous stratégique avec des personnes dont vous êtes tenus de taire le nom, concernant justement l'affaire dont Guy est en charge.

Dites par exemple :

- L'important, c'est la position sociale, surtout de nos jours !
- Dans le business, comme ailleurs, peu importent les moyens, pourvu qu'on arrive à ses fins !
- De toute façon, on n'est jamais jugé que sur l'apparence !

Petite satisfaction personnelle

Lorsqu'il voudra être muté, ayez l'air de résister, puis cédez la mort dans l'âme devant une telle perte. Après tout, on ne sait jamais… s'il réussissait un jour ?! Nous ne sommes pas opportunistes, nous… mais tout de même !

Notes de Victor

Au fond, Guy est à plaindre. En faisant de la réussite professionnelle l'essentiel de sa vie, il se trompe lourdement. Il cultive sans le savoir un abîme intérieur : le vide amer de ceux qui n'existent que par le regard des autres. Or, Guy peut se tromper longtemps, voire très longtemps… Il faut dire que l'opportunisme est la nature même du commerce et que rien n'incite, dans le monde du business, à une constance éthique très durable !

Hugues n'est jamais d'accord. Quoi qu'on lui dise, il est contre. Ne cherchez pas, c'est un principe. Si l'esprit de contradiction est bien l'élément moteur de toute discussion, Hugues s'y adonne avec une telle assurance et une telle délectation qu'il franchit bien souvent les barrières de la juste mesure. Tel est le fonctionnement de son esprit : thèse, antithèse… foutaise !

Hugues, ou **la dialectique opiniâtre**

Hugues est né opposant. Depuis le plus jeune âge, il n'a dans la vie qu'une préoccupation : remettre en cause ce qu'on lui explique. Quel que soit le sujet, le ton ou l'enjeu de la conversation, Hugues conteste, débat, discute ; en un mot, il ergote. Un raisonnement est-il tenu en sa présence, Hugues en cherchera systématiquement la faille. Une solution technique est-elle exposée ? Toute son énergie sera instantanément mobilisée pour en débusquer les inconvénients cachés. Un rapport lui est-il présenté ? Il n'aura de cesse d'en traquer les approximations, et chacun sait qu'il s'en trouve toujours !

Non, rien que non… mais toujours non !

Chez Hugues, cet esprit de combat devient quasiment réflexe ; un automatisme servant à assouvir son besoin congénital de dialectique. Il a, à cet effet, mis au point une méthode infaillible inspirée des théoriciens du goulag : pour commencer, il relève l'imprécision de l'enchaînement d'idées que vous lui présentez. Puis, parfaitement insensible à tout ce que vous pouvez lui répondre, il persiste dans ses objections jusqu'à l'exaspération. La vôtre s'entend ! Lui-même reste d'un calme… précisément exaspérant ! Il se bat ainsi pour chaque pouce de terrain, profitant de la moindre de vos respirations pour recaser encore l'une de ses « preuves », bien entendu invérifiable. De guerre lasse, vous lui accordez finalement le dernier mot : Hugues en est pleinement satisfait, un vague mépris dans son œil.

Quand on l'accuse de pinailler, il avance invariablement la légitimité du rôle de l'avocat du diable : c'est en confrontant ses idées qu'on les éclaircit ! Comme il faut bien quelqu'un pour *« faire avancer les choses »* ! Il accepte modestement d'assumer cette fonction, même si ce rôle est ingrat : la preuve en est le reproche que vous venez de lui faire. À l'entendre, c'est tout juste si l'on ne devrait pas le remercier de tant de sollicitude !

Terreur de l'animateur de séminaires, cauchemar des guides touristiques, supplice des conférenciers, bête noire des professeurs de ses enfants, corvée des formateurs, Hugues est en général la plaie des réunions. S'il a l'air attentif, c'est qu'il attend le bon moment pour intervenir. D'un air absorbé et d'une voix douce, il pose alors l'air de rien la question qui tue : celle qu'on ne prévoit jamais et qui remet en cause votre force de conviction et votre crédibilité. Hugues n'aime rien tant que ce moment où son interlocuteur pris en défaut se met à bredouiller, à rougir et à suer. S'il parvient à l'énerver, il atteint la béatitude : la colère perturbant le jugement, Hugues va s'en servir contre lui avec délectation… pour « faire avancer les choses », bien évidemment !

Parfois, devant une résistance bien organisée, Hugues est obligé de céder du terrain. Mais s'il recule, ce n'est jamais pour bien longtemps. Vous croyez l'avoir neutralisé ? Méfiez-vous : déjà se prépare la contre-attaque… surtout s'il est à court d'arguments ! Derrière l'œil narquois et scrutateur de celui qui vous attend au tournant, il rassemble en silence tous ses neurones et monopolise innocemment toute sa mauvaise foi. Avec une patience de squale et une impassibilité de joueur d'échec, il riposte méthodiquement, utilisant au besoin les tours de passe-passe les plus rhétoriques pour arriver à ses fins. Souvent, il parvient à convaincre votre auditoire : c'est peut-être ça le plus énervant…

La pertinence d'Hugues

À son contact, vous apprendrez deux choses : d'une part, à progresser dans votre propre dialectique, parce qu'il vous y oblige salutairement ; d'autre part, à soutenir le strict contraire de ce que vous voulez, afin que ce soit lui qui défende le contraire de ce contraire, c'est-à-dire précisément ce que vous vouliez !

Il faut parfois apprendre à contourner les difficultés !

Comment **argumenter** avec Hugues ?

Quelques conseils pour communiquer avec Hugues

Quand vous discutez avec lui, ne faites pas :

- Ne donnez jamais votre avis avant de lui avoir fait exprimer le sien ; vous vous appuierez ainsi sur des propos qu'il ne saurait réfuter.
- Si vous êtes obligé(e) de prendre la parole en premier, n'avancez pas vos arguments, mais donnez-lui un lièvre à suivre pour l'occuper et utilisez ses propres raisonnements pour défendre votre thèse.
- Ne vous énervez jamais et affichez un franc sourire tout le temps qu'il parle ; c'est lui qui va s'énerver, à force.
- N'essayez pas de vous justifier ou de l'empêcher de parler ; suivez votre chemin en le renvoyant à l'appréciation du groupe.
- Vous ne le neutraliserez jamais en luttant contre sa manie ; alors au contraire utilisez-la contre lui-même. À la limite, provoquez-la et faites apparaître, aux yeux de tous, que c'est une manie !

Ne dites pas non plus :

- Je vous en prie, laissez-moi finir...
- Vous êtes de mauvaise foi.
- Pourquoi tant de haine ?

Mais ne lui laissez aucun répit :

- Utilisez calmement la technique du disque rayé.

- Poussez-le dans ses retranchements lorsque vous sentez qu'il s'oppose par principe, mais qu'il connaît mal le dossier.
- Posez-lui des questions désarmantes, même si elles paraissent un peu à côté du sujet.

Dites par exemple :

- Je propose de faire un tour de table pour recueillir l'avis de chacun. Hugues, vous voulez bien commencer ?
- L'objection que vous faites, Hugues, est tout à fait passionnante et sérieuse. Pouvez-vous la développer dans tous ses tenants et aboutissants, s'il vous plaît ?
- Chacun appréciera l'aspect constructif de vos objections, Hugues...

Petite satisfaction personnelle

Lorsque Hugues sera muté, allez à son pot de départ, demandez-lui publiquement ses projets pour l'amélioration du service qu'il prend en main et prenez votre revanche : critiquez, mettez tout en doute, dites-lui que vous l'aidez ainsi à être plus compétent pour son futur poste...

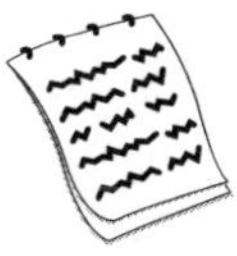

Notes de Victor

Quoi de plus naturel que de ne pas être d'accord. C'est fou comme, en tous domaines, lieux et temps, on trouve toujours à redire aux propos les plus intelligents de nos interlocuteurs ! À croire que le langage a été inventé pour qu'on ne soit jamais d'accord ! Le problème avec Hugues est que, nonobstant son caractère pénible, son opposition peut être effectivement très utile. Peut-être faut-il le placer à un poste correspondant à la qualité de son défaut ? Au service contentieux, par exemple...

Janine est un prototype déconcertant d'un caractère somme toute assez répandu. Elle se repère à la voix ; elle a toujours une idée en tête, une anecdote à la bouche et un avis sur tout ! Ainsi parle-t-elle de tout et de rien – surtout de rien, d'ailleurs – mais toujours très longtemps ! Il n'est de sujet qui ne soit pour elle matière à inlassable dissertation : le moindre anticyclone est l'occasion de passionnants exposés météorologiques et les lieux communs les plus éculés prétextes à de captivants débats d'idées. Vous l'aurez compris : Janine est bavarde !

Janine, ou **l'incontinence verbale**

Grande prêtresse de la machine à café, icône vivante de la téléphonie mobile, Janine est patiemment intarissable. Quelles que soient les circonstances, l'endroit ou l'heure de la journée, elle inonde son entourage des flots de sa volubilité. En permanence, tout doit être raconté, détaillé, interprété. C'est à croire qu'elle parle même toute seule. Voulez-vous faire naître une rumeur ? Confiez-vous à Janine sous le sceau du secret ! Ce n'est pas qu'elle soit malveillante, c'est que, par nature, elle ne peut rien garder pour elle. Sa prolixité chronique et son statut de grand reporter à « Radio Moquette » vous tiennent régulièrement au courant de la vie privée de tout un chacun. Ce qui vous incite, au demeurant, à ne pas trop vous épancher sur la vôtre en sa compagnie.

La nature a horreur du vide !

Rien ne lui est plus insupportable que le silence. Le plus court répit la plonge dans une angoisse sourde et morne qu'il lui faut fuir à tout prix. À ceci s'ajoute une incapacité permanente à distinguer l'essentiel de l'accessoire. Structurellement réfractaire à tout esprit de synthèse, Janine vous noie d'informations : les faits les plus importants sont engloutis par un fleuve de détails insignifiants, auxquels elle s'attache volontiers pour mieux dériver vers d'autres, qui n'ont rien à voir avec l'affaire en question. À vous de faire le tri, si vous y parvenez, tant le débit exige, pour être suivi, de célérité d'esprit. De toute façon, pourquoi dire en deux phrases ce qu'on peut dire en vingt minutes ? Et puis on ne se parle plus assez de nos jours...

Si Janine se répète, ce n'est pas vraiment qu'elle radote, médisants que vous êtes ! C'est plutôt qu'à force elle ne sait plus très bien à qui elle a dit quoi. Devient-elle grand-mère ? L'ensemble de la zone euro, couverte par le réseau de ses consœurs bavardes – au grand bénéfice des opérateurs de télécommunications – est bientôt au courant des moindres détails de l'accouchement. Le malheureux qui déclare n'avoir jamais assisté à une naissance se voit même gratifié de l'historiographie complète de la dilatation périnéale de sa digne fille, dont la propre naissance ne fut pas une mince affaire, bla bla bla bla... Au passage, si vous avez l'âme sensible ou que vous êtes à table, évitez soigneusement tout sujet se rapprochant de près ou de loin d'un bloc opératoire.

Si vous déjeunez avec Janine, optez farouchement pour le mode « veille » : il vous suffit de lui poser sobrement une ou deux questions, sans avoir besoin de vous concentrer sur les réponses. Quelques « Oui, oui », « Bien sûr » et « Ouh, là, là » suffiront, quand un simple « Ah, bon ?! » bien senti vous servira à relancer la machine. Avec un peu d'entraînement, vous arriverez à poursuivre tranquillement votre repas. Seul un bruit de fond persistant accompagnera vos pensées. Prenez-en votre parti : il n'existe pas pour Janine de télécommande dotée d'une fonction « *mute* ».

En revanche, si vous avez à lui parler, n'espérez pas qu'elle vous écoute : chacun de vos propos ne manquant pas de lui faire « penser à quelque chose », elle vous en fera part dans les plus brefs délais ; surtout – et en particulier – si cela n'a rien à voir avec ce que vous étiez en train de lui dire… ou plutôt d'essayer de tenter présomptueusement de lui faire entendre. Aussi ne faut-il jamais oublier de lui confirmer par écrit toute demande importante : peut-être aurez-vous une chance d'être entendu…

La grande force de Janine

Mais, au final, d'humeur toujours égale, Janine a pour elle une certaine générosité et surtout un humour invétéré. D'ailleurs, elle l'avoue volontiers en riant : parfois, elle se fatigue elle-même !

Comment **contenir** Janine ?

Quelques conseils pour lui poser des garde-fous

Pour garder la maîtrise de son flux, ne faites pas :

- Ne la laissez pas parler en réunion plus de deux minutes. Interrompez-la systématiquement dès qu'elle digresse.
- Ne lui demandez jamais de raconter ses vacances.
- N'essayez pas de démêler le fil de sa pensée. Ne perdez pas votre énergie inutilement : contentez-vous de recentrer régulièrement le but de votre discussion.
- Ne lui parlez jamais de votre vie privée : toute l'entreprise s'en ferait l'écho.

Ne dites pas non plus :

- Au fait, et l'accouchement de votre fille ?
- Alors, Janine, dites-moi tout : c'était comment ces vacances ?
- Janine, j'ai un secret à vous confier.

Mais tenez compte de son travers :

- Commencez toute conversation avec elle en lui rappelant que vous avez peu de temps à lui consacrer : cela vous donnera un prétexte pour couper court.
- Accordez-lui un moment d'écoute de temps en temps : Janine en a besoin, prenez-en votre parti.

- Profitez-en pour vous tenir au courant des potins du moment et autres bruits de couloirs : le nerf de la guerre, c'est l'information !

Dites par exemple :

- Janine, résumez-moi tout de suite en une phrase ce que vous avez à me dire.
- Allez au but car je dois partir dans dix minutes.
- Qu'est-ce qui se passe dans le service en ce moment ?

Petite satisfaction personnelle

Lorsque Janine sera mutée, faites le tour des couloirs et bureaux pour bavarder longuement avec les uns et les autres ; car au fond, Janine va leur manquer : elle leur passait le temps. Puis remplacez-la un peu aux potins ; la vie d'entreprise est trop triste, sinon !

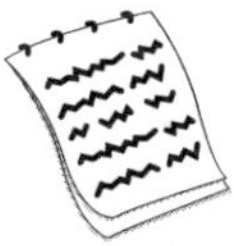

Notes de Victor

Les sentiments à l'égard de Janine oscillent du ras-le-bol à la sympathie bienveillante. Au moins, avec elle, pas besoin de boucher les trous pour calmer votre angoisse. Il faut seulement éviter d'en avoir deux dans le même service, sous peine d'assister à une compétition tout à fait contre-productive en termes de rendement opérationnel. Ha oui ! J'oubliais : ne jamais lui proposer un poste de phoning, ce serait une catastrophe !

À 57 ans, après trente années passées dans son entreprise, Jérôme a gentiment atteint un seuil d'incompétence bien mérité. Comme on ne sait plus quoi faire de lui, on lui a octroyé un poste de conseiller à la Direction générale, avec carte de cantine, voiture de fonction seconde main, ordinateur portable ancienne génération et petit bureau au fond du couloir, près des plantes vertes. Jérôme est au placard…

Jérôme, ou **le placard survolté**

N'attendez pas de Jérôme qu'il se la coule douce ou qu'il accepte un obscur plan de préretraite, car Jérôme se révèle – nonobstant sa notoire inutilité – un hyperactif. Il n'a pas grand-chose à faire, du moins officieusement. Officiellement, il est chargé de donner son avis sur les problématiques techniques de l'entreprise : quoi de plus vague ! Son esprit d'ingénieur et son franc-parler tombent en berne ; il s'ennuie au fond de sa verdure.

Les journées d'inexistence lui deviennent vite insupportables. Le manque d'énergie l'accable bientôt. Il lui faut combler ce vide et vite dynamiser son morne placard. De manière quasi maladive, il se persuade donc que son nouveau statut est une ultime promotion : rattaché directement à la direction générale, il chapeaute maintenant tous les collaborateurs. Il n'est donc plus aucune division qui échappe à son autorité… transverse !

Il décide ainsi de profiter de son ascension : il va enfin pouvoir prendre des initiatives dans des domaines qu'il ne connaît pas. Depuis le temps qu'il est dans l'entreprise – *« Trente ans de boutique ! »*–, il regorge d'initiatives inassouvies. Il erre dans les locaux, à la rencontre des équipes ; prodigue ses leçons ; émet des rapports et arrose de mails tous ses interlocuteurs. Jamais placard ne fut plus survolté. Il dispense ses conseils de bureau en bureau, de réunion en réunion, de couloir en machine à café, ne se privant jamais de dénigrer ouvertement les initiatives des directeurs en place.

Tout cela ne serait que pâle facétie, si Jérôme n'avait un sens social piqué de travers démagogue-autocrate. En clair, il déteste manger seul : dès 11 heures, il recherche quelqu'un pour déjeuner avec lui. Après quelques coups de fil, il trouve enfin un bouche-trou à qui parler d'une idée révolutionnaire. Résignée, la victime mangera laconiquement, en entendant Jérôme maugréer contre *« les jeunes loups qui ne respectent plus rien »*, un de ses leitmotive préférés avec *« de mon temps, il y avait le respect »* et *« il faut être cartésien »*. Jérôme ne veut pas avoir l'air aigri, mais il a parfois l'impression de ne plus servir à grand-chose.

Être ou avoir été…

Quand on est obligé de convier Jérôme à certaines réunions, on espère qu'il ne viendra pas. C'est bien mal le connaître : trop content de se sentir « présent » quelque part, il arrive dans les premiers, ayant scrupuleusement étudié l'ordre du jour. Il manifeste son désaccord par des moues bruyantes et des soupirs moqueurs. Il finit par présenter sa vision des choses d'un air inspiré, prenant des temps de sociétaire de la Comédie-Française. Son avis a tellement peu de poids que le jeu en devient pathétique. Il continue malgré tout, à mi-chemin entre les conseils de l'expert et la parole du sage, car Jérôme n'est pas dépourvu de compétences : c'est ce qui énerve le plus… trente ans de boutique ! Il pourrait d'ailleurs être encore très utile à cette entreprise qu'il connaît si bien, si on lui permettait par exemple de transmettre son savoir-faire à de jeunes arrivants. Mais Jérôme ne peut hélas pas compter sur la volonté de ses pairs pour capitaliser sur son expérience ; ils n'en ont cure.

« *Mais qu'est-ce qu'il fait encore là ?* » C'est bien la question que tout le monde se pose dans son dos. D'une inutilité totale, sa survie au sein de l'entreprise ne tient qu'à la volonté d'Antoine, son P-DG. La vieille amitié qui le lie à Jérôme est faite de souvenirs de potaches et de fidélité. Antoine écoute donc patiemment les doléances des directeurs qui lui demandent le départ de... son ami. Il est des sentiments inconditionnels !

La petite revanche de Jérôme

Le culot de Jérôme, soit dit en passant, l'amuse au plus haut point, mais il ne doit pas le montrer. Quoi de plus jouissif, en effet, que l'inutilité d'un placard qui en remontre à l'efficacité morbide des opérationnels branchés ?

Comment être **dans les petits papiers** de Jérôme ?

Quelques conseils pour maintenir votre tranquillité avec Jérôme

Si Jérôme prend trop de place, ne faites pas :

- N'essayez pas d'argumenter, c'est tout à fait vain.
- Mais n'oubliez pas de changer sans le prévenir les dates de réunion et de ne jamais lui envoyer de mail important.
- Ne répondez pas à ses coups de fil et mettez en place un filtrage efficace. Ne jamais lui donner votre numéro personnel.
- N'ayez jamais l'air serein et disponible quand vous le croisez, mais toujours extrêmement affairé.
- Ne tentez pas de lui faire prendre conscience de son décalage opérationnel : il vous expliquerait que ce n'est qu'une question d'organisation !
- S'il est pris en flagrant délit d'ignorance technique, ne le froissez pas inutilement, il emploierait tout son temps à vous coincer à votre tour.

Ne dites pas non plus :

- Comment est-ce que cela se passait, de votre temps, Jérôme ?
- Qui vient manger avec nous, à midi ?
- Il faut changer les plantes vertes !

Mais ne l'accablez pas inutilement !

- Ne pensez pas que Jérôme n'a rien à vous apprendre. Invitez-le de temps en temps à déjeuner et faites-le parler de son expérience : essayez de glaner des informations utiles et des conseils judicieux. En plus, ça lui fera plaisir !
- Suggérez-lui de se mettre en rapport avec le service Formation : il pourrait y être utile...
- Donnez-lui la parole devant les autres : au fond, Jérôme a de bonnes idées.
- Envoyez-lui un petit mail de temps en temps.

Dites plutôt :

- La retraite, c'est comme une seconde vie qui commence !
- On n'écoute pas assez les gens expérimentés.
- Ce midi ? Désolé je suis pris... toute la semaine aussi d'ailleurs.

Petite satisfaction personnelle

Quand il partira à la retraite, n'allez pas à son pot de départ. Transformez le plus vite possible son bureau en un débarras bien rempli, afin qu'on déplace le prochain placard à un autre étage. Si vous vous en rapprochez vous-même, débrouillez-vous pour faire placer les plantes vertes du côté du soleil...

Notes de Victor

On n'a pas fini de peser les conséquences économiques et sociales des départs en retraite précipités et autres mises au placard trop rapides. Les entreprises commencent ainsi à se demander comment elles vont bien pouvoir à terme conserver une culture commune et capitaliser sur l'expérience acquise. Un vrai problème d'identité et d'histoire se pose même de plus en plus. On a bien mis quelques cabinets de consultants sur le coup, mais il faut croire que ce n'est pas encore la mode.

Kevin n'a jamais de chance. Il n'en a, au demeurant, jamais eu : abonné aux échecs les plus réguliers, il est – partout où on le place – un grain de sable dans le rouage. Avec lui, il y a toujours quelque chose qui ne fonctionne pas, pour les causes les plus diverses et variées. Mais Kevin présente un autre trait, outre son inconséquence systématique : rien n'est jamais de sa faute. Sublime justification à la dialectique bien rodée : il a toujours une bonne raison pour tout expliquer, dans un enchaînement historique pluri-environnemental et multi-contextuel qui laisserait circonspect un spécialiste de la systémique complexe. Il incarne l'archétype de l'échec innocent !

Kevin, ou **l'échec innocent**

Comprenez bien sa logique : Kevin aurait pu faire de meilleures études, mais il n'était pas aimé de ses professeurs, à cause d'un frère à la mauvaise réputation qui l'avait précédé. Comble de malchance, il est toujours tombé, aux examens, sur les sujets les plus difficiles, ce qui fait qu'il n'a pas pu faire ce qu'il aurait voulu. Son manque de rigueur lui vient d'une maternelle supérieure où, déjà, l'injustice de l'existence l'avait irrémédiablement frappé.

Lorsque la vie professionnelle prit le relais de la fac, il en fut de même. La seule fois où il aurait pu avoir une belle promotion… l'entreprise fit faillite ! Pour le reste, soit il n'est pas apprécié de son hiérarchique, soit c'est la faute du client qui n'a rien compris, soit il subit les conséquences injustes des cabales les plus odieuses. En somme, il n'a pas son pareil pour tout manquer sans jamais y être pour rien.

Il a évidemment toujours des idées pour améliorer le fonctionnement de son service : si on l'écoutait, tout se passerait beaucoup mieux. Mais, s'il n'est pas assez performant, c'est qu'il est mal managé et que ses collègues lui tirent dans les pattes (ils l'ont baptisé « *Caliméro* » !) ou qu'il a des problèmes personnels. Si l'on ajoute à cela qu'il est toujours débordé, le tableau est presque complet. Presque… car Kevin compense son inconsistance chronique par un esprit de critique systématique, que l'on rencontre habituellement davantage chez la mégère acrimonieuse.

Médire pour ne pas se maudire soi-même

Non seulement il trouvera toujours un moment pour se réjouir du malheur des autres, mais il croira encore bon de dénigrer ceux qui réussissent. De bureau en bureau, il commente les insuffisances des uns, les manies des autres… mais surtout le caractère fortuit de leur réussite. Refusant la responsabilité de ses propres échecs, il interdit spontanément aux autres celle de leurs réussites.

Il a d'ailleurs un certain don pour débusquer, non sans humour, les faiblesses, les facilités et les hypocrisies de ses collègues. Le plus désarmant est qu'il ne manie pas la langue de vipère avec une réelle méchanceté ou une volonté délibérée de nuire : c'est juste un moyen de supporter sa propre médiocrité en dénonçant celle des autres. Ainsi, réellement engagé dans rien, Kevin traverse sa vie professionnelle sans jamais vraiment la rencontrer. Il y joue un rôle de mauvais figurant… et de critique contagieux. On entre en effet assez facilement dans son jeu : il est parfois si reposant de médire de ses contemporains !

Malgré tout, Kevin est peu aigri. Aux quelques rares heures de doute, dans un renversement pathétique de culpabilité, il s'accuse presque de tout, se persuade de son incompétence caractérisée et du mérite de tous les autres…

Puis les choses reprennent leur cours normal : la fausse malchance continue tranquillement son travail de sape, dans sa vie professionnelle comme dans sa vie privée.

La révélation de Kevin

Le plus rigolo – et le plus étonnant –, c'est qu'il se trouve un certain nombre de collègues pour le plaindre et le soutenir. Il fait figure de pauvre, et se montre alors un agréable compagnon.

Au fond, nous avons tous peut-être simplement besoin d'être un peu aimés…

Comment **optimiser** Kevin ?

Quelques conseils pour faire réussir Kevin

Pour l'obliger à s'impliquer personnellement, ne faites pas :

- Ne lui donnez aucun travail sans avoir écrit et contractualisé au préalable avec lui les comportements observables qui conduiraient à un échec.
- N'écoutez jamais ses longues justifications, mais ayez recours au pragmatisme le plus pur pour lui montrer qu'on ne peut pas compter sur lui.
- Ne le placez pas dans une équipe aux fonctions stratégiques, mais donnez-lui plutôt des missions individuelles, dans lesquelles il ne pourra pas rejeter ses propres responsabilités sur les autres.
- Ne l'accusez jamais de mauvaise foi, mais faites-lui sentir que la fonction même qu'il occupe le rend responsable – de fait – de ce qui se passe, bon gré mal gré.

Ne dites pas non plus :

- Mon pauvre Kevin, comme je vous plains !
- Décidément, Kevin, j'aurais dû consulter un astrologue avant de vous embaucher !
- Il y a vraiment des gens qui traînent la scoumoune avec eux...

Mais mouillez-le subtilement !

- Vous ne pouvez pas compter sur Kevin : couvrez vos arrières. Clarifiez par écrit ses objectifs, son champ de responsabilité et les délais à tenir. Prévoyez large, Kevin est incapable de travailler dans les temps.

- Faites régulièrement le point : Kevin a besoin d'être recentré en permanence.
- Ramenez-le toujours à la réalité la plus concrète et la plus pragmatique. Quand il se plaint, demandez-lui systématiquement ce qu'il compte faire pour arranger les choses. Ne faites preuve d'aucune compassion et ne le lâchez pas jusqu'à ce qu'il propose une solution réalisable, dans laquelle il s'impliquera...
- ... mais attendez-vous à ce qu'il ne tienne jamais ses résolutions : il y aura toujours une bonne raison ! Faites-lui dresser la liste des excuses qu'il emploie le plus souvent.
- Affirmez-lui que l'autorité s'assoie sur la reconnaissance de ses responsabilités, quoiqu'il arrive ; et, même si on a de vraies excuses, c'est beaucoup plus noble d'assumer ses échecs !
- Demandez-vous le mal qu'il dit de vous dans votre dos.
- Là où il réussit malgré tout, montrez-lui que vous considérez aussi que les autres y ont une part non négligeable !

Dites par exemple :

- Kevin, je ne veux pas le savoir !
- Le propre de l'amateurisme est d'avoir toujours de bonnes raisons pour ne pas tenir ses engagements : quelles sont vos excuses, cette fois-ci, Kevin ?
- Avec votre équipe, vous avez fait cette fois du bon boulot !

Petite satisfaction personnelle

Lorsqu'il sera muté, organisez vous-même les réjouissances. Concoctez-lui un pot de départ des plus mal organisé et inventez-vous toutes les bonnes excuses pour en justifier l'échec flagrant. Puis, rejetez sur lui la responsabilité de tous les ratés du service, y compris les vôtres. Après tout, ce n'est pas que nous y soyons pour rien… mais tout de même !

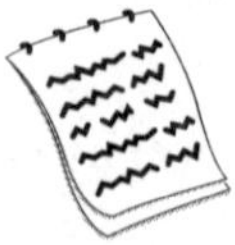

Notes de Victor

Le problème de Kevin est qu'il est persuadé de son innocence ! Il n'a pas conscience de sa dérive et la logique implacable dans laquelle il est entré depuis des années lui interdit une lucidité salvatrice ! Il faut absolument lui confier une mission en solo, en prenant le risque d'une délégation complète de responsabilité, afin que, pour une fois, il ne puisse rien reprocher… qu'à lui-même !

Marjorie était ce que, en toute rigueur et sans l'ombre d'un sexisme, on appelle une « belle femme ». Elle le savait depuis son plus jeune âge et, de ce fait, rien ne lui semblait impossible. Non qu'elle comptât uniquement sur cette indéniable qualité pour avancer dans sa carrière, tout au contraire elle était acharnée au travail, mais elle considérait que c'était à la fois une condition indispensable et sa meilleure chance d'arriver. Marjorie était ambitieuse, de cette ambition grandiloquente et démesurée qu'ont souvent les jeunes cadres pendant quelques années.

Marjorie, ou **l'ambition assistée par ordinateur**

Pour autant, Marjorie n'était pas naïve. Elle avait parfaitement compris que ce n'était pas d'abord la qualité de son travail qui lui permettrait de gravir un à un, et pourquoi pas deux à deux, les échelons de la gloire. Non, il lui faudrait un opportunisme avéré et une pénétration poussée des réseaux parallèles. Elle tenait cette vérité à la fois de la grande culture d'entreprise que possédait son père et du cynisme tout personnel qu'elle avait déjà tiré de ses premières expériences. Elle apprenait vite. Elle possédait tout à trac : l'amour de la gloire, la crainte de l'humiliation, le dessein de faire fortune et l'envie d'abaisser les autres.

Le tout est d'arriver !

Marjorie avait donc un double travail : elle se devait d'obtenir des résultats professionnels irréprochables, mais elle tenait également à jour un calendrier d'intrigues et d'influences qui auraient effrayé un prétendant ministre. Non seulement elle ne sautait aucun colloque, cercle, club, cocktail ou autre pince-fesse, où aurait pu se trouver l'un ou l'autre des membres de la direction de son entreprise, mais encore elle tenait à jour sur son ordinateur une gigantesque base de données, compulsant par tris à plat et tris croisés les renseignements les plus divers sur les personnes, les contextes et les environnements qui pouvaient lui être utiles. Elle y passait une partie de ses nuits et la totalité de ses week-ends, au grand désespoir de Richard, son amoureux transi depuis la fac. Mais comme disait La Rochefoucault : « *On peut passer de l'amour à l'ambition, mais on ne revient guère de l'ambition à l'amour* ». L'idée même d'un couple régulier, a fortiori la maternité, la rebutait profondément : comment pouvait-on mélanger ainsi les genres ?

Marjorie avait même tenté de mettre au point un algorithme complexe, déclinant sa « fonction d'utilité », afin d'identifier ses meilleures stratégies. L'ordinateur lui sortait ainsi chaque semaine, sur la base des renseignements laborieusement acquis, les actions à mener pendant la suivante : rendez-vous de lobbying, invitation à dîner, intrigue en faveur d'un tel et en défaveur de tel autre, etc. Ainsi devint-elle chef d'équipe, ce qui n'était pas rien !

Mais les plus grandes victoires s'émoussent avec le temps ; et l'eau coule sous les ponts. Voilà désormais sept ans qu'elle était commerciale et elle se lassait de stagner de missions ambitieuses, optimisées par l'excellence de sa performance, en objectifs optimaux très ambitieux, sources de challenges permanents. Elle avait fini par avoir moins d'ardeur et d'impatience de se voir enfin chef d'agence qu'elle en avait eu à devenir chef d'équipe. Elle murmurait donc contre le temps présent, trouvait ses réseaux trop machistes, son entreprise mal dirigée et n'en prédisait rien que de sinistre.

Marjorie convenait dès lors, en son for intérieur, que l'ambition était dangereuse dans les sphères du pouvoir qu'elle visait et

qu'elle menait inévitablement à une corruption, que sa droiture morale lui interdisait... De guerre lasse, elle délaissa sa base de données, trouva même le temps de sortir avec Richard ; un fidèle, celui-là !

Le grand naturel de Marjorie

Elle s'était donc résolue à prendre son parti et avait renoncé à un bureau plus grand... lorsque quelqu'un accourut pour lui dire qu'elle venait d'être nommée directrice dans une autre agence. Remplie de joie et de confiance par cette nouvelle inattendue, elle réunit tous ses collaborateurs : « *Vous verrez,* leur dit-elle*, que je n'en resterai pas là et que je serai nommée directeur France !* »

Elle s'enferma dans son bureau, alluma son ordinateur, non sans avoir demandé à sa nouvelle secrétaire d'annuler le dîner prévu ce soir-là avec Richard.

Comment **échapper aux calculs** de Marjorie ?

Quelques conseils pour neutraliser son ambition

Pour ne pas entrer dans son jeu, ne faites pas :

- Ne lui posez jamais de questions sur son avenir ; ne lui parlez que des dossiers en cours les plus difficiles.
- Ne la prévenez pas des soirées extra-professionnelles ou envoyez-la à celles où il n'y a personne d'intéressant pour elle.
- Ne lui demandez pas de conseils, laissez-lui entendre que vous disposez – et avant elle – de toutes les informations qu'il faut.

Ne dites pas non plus :

- Tu serais étonnée de savoir ce que le directeur pense de toi !
- Tu sais qu'il sera présent au Salon de décembre ?

Mais tendez-lui un piège à sa façon :

- Positionnez-vous comme membre influent d'un réseau parallèle ultra-confidentiel, dont vous ne sauriez lui parler tant que vous ne la connaitrez pas mieux.
- Si vous êtes son hiérarchique, augmentez sans cesse vos exigences de résultat, afin qu'elle y passe aussi ses nuits.
- Dès que sa performance commence à fléchir, faites-lui miroiter un poste supérieur... pour dans un an.
- Conseillez-lui quatre ou cinq pavés très compliqués sur la théorie des jeux (ce qui ne manque pas), en lui laissant entendre que vous les avez lus et qu'ils lui donneraient un avantage concurrentiel significatif pour sa progression de carrière.

- Quand les cernes auront suffisamment creusé ses yeux, imposez-lui – officiellement en récompense – trois semaines de vacances sur une île où elle ne pourra pas se connecter à Internet et où le moindre coup de téléphone coûte une fortune.
- Au cours de la dernière semaine, envoyez-lui un télégramme urgent lui laissant entendre que le gestionnaire du réseau a piraté sa base de données, à votre plus grande désolation.

Dites par exemple :

- Seule une matrice de pondération à huit dimensions permettrait d'identifier les meilleures opportunités pour votre avenir...
- Vous comprendrez bien qu'il y a des choses que je ne peux pas vous dire...

Petite satisfaction personnelle

Lorsqu'elle sera mutée, récupérez son ordinateur en prétextant un besoin urgent et copiez sa base. Expliquez à tout le monde les carences magistrales de cette dernière et complétez-la. Ce n'est pas tant que nous soyons ambitieux... mais ça peut servir !

Notes de Victor

L'individualisme qui se développe dans l'entreprise rend parfois pathétiques les ambitions carriéristes. Plus que jamais, elles rongent la vie et ne nous font que survivre dans l'attente du poste suivant. Marjorie en est la victime type ! Le pire, c'est qu'avec tout cela, elle ne s'aperçoit pas qu'elle ne donne pas toute sa mesure ! Il est un degré, dans l'excellence, qui exige une part d'abnégation...

Contrairement aux apparences, Martial n'est pas un irresponsable. Il s'agirait plutôt d'un perfectionniste notoirement scrupuleux. Parti du bas de l'échelle après avoir renoncé au bénéfice d'un diplôme prestigieux, il a progressé opiniâtrement, à la faveur de quelques petits chefs. C'est que la décision la plus audacieuse réjouit Martial, du moment que ce n'est pas lui qui la prend. S'il avait été moins brillant, il aurait même pu faire l'ENA. Il aurait également pu être professeur d'Université, si la frayeur de devoir noter des copies ne l'avait paralysé jusqu'à la moelle. Porter un jugement personnel lui est en effet plus étranger qu'à un adjudant de contester les ordres de sa hiérarchie.

Martial, ou le **délégataire scrupuleux**

Vous l'aurez compris, Martial est à classer dans la catégorie des ultra-compétents rendus inutiles par leur paralysie opérationnelle. Il peut à la rigueur faire un bon clone ; il lui faut, pour s'épanouir, devenir le sosie d'un directeur. Alors sécurisé et enfin responsable de rien, il pourrait trouver la paix de l'âme et du corps ; éviter quelques-uns de ces tics nerveux qui révèlent invariablement à ses interlocuteurs le degré de son indétermination intérieure !

Ce n'est pourtant pas faute d'avoir essayé : Martial, la mort dans l'âme, s'était une première fois résolu à accepter – sous la pression d'un « ami » – une quelconque délégation. On ne sut jamais si ce fut plus dur pour lui ou pour son délégant. Il eut été préférable en effet pour ce dernier de faire cinq fois le travail lui-même. Martial le contraignit d'abord à rédiger un contrat de délégation qu'il mit bien trois semaines à valider, soulevant des cas de conflits d'objectifs et de limites de responsabilité auxquelles nul délégant, de mémoire de manager, n'avait pensé de la sorte. La chose étant faite, le délégant fut davantage au courant, au jour le jour, de chaque détail de l'affaire que s'il l'eût menée personnellement. Il fut mis à contribution pour chaque microdécision de Martial. Et Dieu sait s'il y en eut, des microdécisions, pour tenter de faire avancer le travail !

Après vous ! Je n'en ferai rien…

Martial, l'inquiétude au ventre, déboulait en effet dans son bureau à toute heure du jour, lui téléphonait le week-end, le pistait à la cantine et dans les couloirs : il faut dire que le moindre enjeu de la mission revêtait pour lui une importance telle que la sueur lui perlait au front à chaque variable… sans parler des inconnues !

Ses collègues ne furent pas davantage soustraits au martyre. Martial avait à cœur de prendre conseils et avis, de susciter toutes les objections possibles afin de vérifier la pertinence et l'impact de ses arguments sur chacun de ses interlocuteurs, si bien que le service tout entier avait fini par vivre à l'heure de la mission de Martial. Ses demandes étaient si pressées, le ton si angoissé, les tics si accentués, que nul n'osait contrarier un zèle si farouche, un tracas si persistant ! Quelques-uns commencèrent même à se demander si la sérénité dont ils faisaient montre dans leur travail – entendez par là le fait de simplement satisfaire à leurs objectifs sans autre forme de questionnements oiseux – ne recouvrait finalement pas quelque désinvolture coupable. C'est que, nonobstant ses défauts, Martial n'était pas dénué d'un certain charisme communicatif. En trois mois, il avait ainsi réussi à occuper tout un service avec l'affaire qu'on lui avait confiée : vérifier le plan de sécurité incendie de l'étage et l'afficher dans chaque bureau.

Le malheur de Martial

L'ironie du sort voulut qu'un incendie survienne. Nul, à force de débats et d'incertitudes ressassées, de doutes, de grandes disputes théoriques et de tétracapillarotomie (couper les cheveux en quatre) pratique, ne sut ce qu'il fallait faire, sauf Martial, qui courut le demander à son chef tant aimé. Au rappel, ils le suivirent tous avec un sourire de soulagement à peine dissimulé : l'intempestif incendie avait salutairement mis fin, quoique prématurément, à la mission de Martial.

En son for intérieur son hiérarchique prit une décision drastique : dès le lendemain, il muterait Martial à la DRH !

Comment **manager** Martial ?

Quelques conseils pour le rendre plus efficace

Pour engager sa responsabilité, ne faites pas :

- Avec lui, renoncez aux contrats de délégation écrits. Affirmez que vous avez entière confiance… mais fixez-lui un rendez-vous par semaine pour faire un point, avec interdiction stricte de vous faire un compte-rendu entre deux.
- Ne le faites pas travailler exactement dans les mêmes horaires que les autres, mais décalez-le : vous permettrez à tous de travailler au moins quelques heures ! Au besoin, donnez-lui une bonne proportion de télétravail obligatoire.
- Ne lui confiez aucune mission stratégique, à moins que ce ne soit pour vous conseiller dans la rédaction de vos contrats !

Ne dites pas non plus :

- Je vous charge d'annoncer à vos collaborateurs la teneur de la mission que je vous ai confiée, Martial.
- Que faites-vous de vos journées, au juste ?
- Quelles sont vos ambitions pour le poste opérationnel dans lequel je pense vous muter ?

Mais utilisez ses défauts comme des qualités :

- Demandez-lui de redéfinir et de formaliser l'ensemble des missions du service : ça va mettre une sacrée rigueur dans le presque désordre qui régnait !
- Confiez-lui la négociation de vos contrats de sous-traitance : vous perdrez moins d'argent à l'avenir !

Dites par exemple :

- Martial, j'ai du mal à bien cerner les butées supérieures de nos obligations envers ce fournisseur !
- Ô combien j'apprécie votre rigueur, Martial, mais où se situe sa propre limite ? Où doit-elle s'arrêter pour rester performant ?
- Changez de métier, Martial : vous avez de l'avenir dans l'élevage des mouches et des coléoptères !
- La perfection n'est pas de ce monde...

Petite satisfaction personnelle

Lorsqu'il sera muté à la DRH, prévenez le responsable qu'il faut vraiment bien cadrer Martial par un contrat de délégation en bonne et due forme : vous serez au moins débarrassé des pressions de son service pendant quelques semaines. Puis renégociez votre propre délégation en utilisant consciemment la technique de Martial. Vous aurez un contrat à nul autre pareil et vous pourrez vous en prévaloir aux yeux de tous.

Notes de Victor

Entre la théorie et la pratique existe une distance que les sciences expérimentales ont tenté en vain de combler. Mais entre le management appris dans les livres et ses réalisations les plus pragmatiques au sein de nos organisations... l'écart confine souvent au vertige. Surtout quand il s'agit de l'épineux problème du partage des responsabilités ! Les belles idées de délégation se heurtent le plus souvent au mur de la réalité humaine : on veut bien être responsable... mais pas coupable ! Que ce soit devant ses propres erreurs ou devant les éventuels manquements de ses délégants, un seul mot d'ordre : « Courage : fuyons ! » Remarquez, le conseil est valable, puisque sans nous donner réellement de responsabilité, le management voudrait parfois faire de nous des coupables. Belle ironie du travail moderne !

rickPatric

À longueur de journée, Patrick peste contre tout ce qui l'entoure. Il critique tout, s'énerve pour un rien et traîne partout la mine renfrognée d'un atrabilaire à fleur de peau. Rien ne saurait le dérider franchement, même les bonnes nouvelles prennent avec lui une teinte blafarde. Vous l'aurez reconnu, c'est le râleur incarné.

Patrick, ou le **râleur incarné**

Travailler avec Patrick n'est donc pas de tout repos : rien ne va jamais. Tout semble toujours contribuer à son agacement structurel. Son tempérament colérique prend vite le pas sur tout rapport professionnel adulte. La moindre imperfection est condamnée comme faute lourde… et tout désaccord est vécu comme une attaque personnelle. Pour se détendre un peu, Patrick trouvera toujours quelqu'un à qui passer un savon. Il lui en faut au moins un par semaine, c'est un principe, une sorte de quota qui semble garantir à ses yeux sa crédibilité professionnelle.

En réunion, c'est une calamité : toute idée, même bonne, toute initiative, même intéressante, toute proposition, même réaliste, est commentée de haussements d'épaules, soupirs moqueurs, regards méprisants et commentaires lapidaires de type « ça ne marchera pas ! ». Tout est suspect, rien n'est net à ses yeux. Essayer de le convaincre, c'est déjà le braquer. À force de patience et de diplomatie, vous arriverez peut-être à lui faire entendre votre point de vue… mais n'espérez pas qu'il tombe jamais d'accord avec vous. Si la décision est prise malgré son avis, il l'appliquera comme on lui demande, avec la moue dubitative de celui qui n'en pense pas moins.

Être négatif, c'est positif

Chaque occasion étant bonne pour exprimer sa mauvaise humeur structurelle, c'est encore au restaurant ou – mieux ! – en voyage d'affaires que son pouvoir d'indignation s'exprime le mieux. Les coutumes locales sont toujours détestables. Il y a toujours quelque chose qui cloche, et personne n'est à la hauteur de ses exigences. Professionnel de la remarque acerbe, Patrick ne rechigne pas non plus au scandale, en particulier quand il a tort.

Bien qu'il ait l'enthousiasme en horreur, il existe néanmoins un sujet de conversation qui anime un peu son œil blasé : la pêche. Cette passion dominicale, dont il aime à bassiner les rares collègues avec qui il n'est pas fâché, reste la seule occasion de joie de son existence irritée. Avec son chien et ses hameçons, Patrick se ressource, loin du monde et de ses aberrations.

Imaginer que la réalité puisse être différente de ce qu'il en pense ne l'intéresse en rien. Réajuster ses idées en fonction des faits lui demande sans doute trop d'efforts. Finalement, l'immobilisme est encore la meilleure solution : comme de toute façon, on ne changera pas les choses, autant opter pour la solution la plus simple et la moins fatigante : continuer ce qu'on fait déjà. C'est peut-être inefficace, mais au moins on sait pourquoi. De toute façon, les autres sont d'irrécupérables crétins et le monde s'avance à grands pas vers une autodestruction bien méritée. D'ailleurs, « y'a plus de poisson », comme il aime souvent à le rappeler.

Le mystère de Patrick

Il y a cependant quelques jours dans l'année où l'on ne reconnaît plus Patrick : il devient subitement charmant, souriant, bienveillant, voire badin, il lui arrive même de s'excuser de son comportement plus habituel. Nul ne sait pourquoi, ni comment ! Lui non plus ! C'est sa part de mystère ! Cet étonnement général lui attire l'indulgence plénière dont il a besoin pour reprendre le cours de son humeur.

Comment **gérer** Patrick ?

Quelques conseils pour ne pas subir Patrick

Pour qu'il soit un peu plus positif, ne faites pas :

- Ne lui dites pas les choses de front ; apprenez à dire le contraire de ce que vous pensez, afin qu'il le critique et soutienne ainsi, à son insu, vos propres opinions... auxquelles il vous suffira ensuite de vous ranger, à son grand étonnement.
- Ne l'attaquez jamais avant de lui avoir longuement demandé d'argumenter son opposition. Poussez-le dans ses retranchements, il apprendra à vous craindre.
- Ne le critiquez pas à votre tour, mais exprimez-lui franchement qu'il est dommage de mettre autant d'énergie à simplement dire « non ». Affirmez que ses qualités seraient mieux employées à soutenir une thèse solide.

Ne dites pas non plus :

- Devant un parterre d'actionnaires de l'entreprise : C'est notre dernière chance ; qu'en pensez-vous Patrick ?
- Et si nous changions carrément d'axe stratégique, de façon plus créative ?
- La pêche, c'est encore plus abrutissant que la chasse.

Mais restez serein :

- Chargez-le de concevoir l'argumentation de votre projet : en le mouillant, il sera obligé de développer un peu de conviction.
- Sachez systématiquement revenir après-coup sur une discussion houleuse et reparler calmement d'un point de désaccord. Il aura moins tendance à vous casser gratuitement.

- Demandez-lui s'il est performant : il serait étonnant qu'il développe la même mauvaise humeur contre lui-même !
- Envoyez-le pêcher le saumon en Alaska : il ne dira plus jamais qu'il n'y en a plus !

Dites par exemple :

- On peut dire les choses sans s'énerver.
- La pêche, c'est le repos du sage.
- J'ai trouvé votre attitude d'hier un peu injuste : je tenais à en reparler avec vous, si possible calmement...

Petite satisfaction personnelle

Lorsque Patrick sera muté, et que tout le monde se réjouira de voir partir ce râleur, défendez-le âprement, en criant bien haut que lui, au moins, n'était pas naïf ! Et que, de toute façon, personne ici n'a plus cette qualité ! De toute façon, personne ne vous mérite dans cette entreprise !

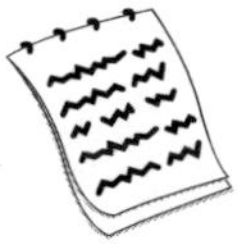

Notes de Victor

Le râleur est évidemment un caractère pénible, qui rend systématique ce qui mériterait d'être rare. C'est une logique négative qui stéréotype des comportements... que tout le monde finit par attendre ! Aussi, au bout d'un moment, Patrick est-il obligé de « tenir son rôle », tout comme la grande gueule, ou encore le comique qui est censé amuser la galerie : le jour où il ne le fait pas, tout le monde s'inquiète : « Ben alors ? Qu'est-ce que t'as ? T'es malade ? ». Ainsi peut-on se poser la question de la responsabilité du groupe et de l'organisation dans la cristallisation de certains caractères.

Dès son plus jeune âge, Pauline fuyait la compagnie de ses semblables. D'une timidité maladive, elle trouvait asile dans une solitude bienheureuse, à l'écart des autres enfants. Mais la vie sociale l'a rattrapée, l'obligeant, à l'age adulte, à s'insérer dans le tissu socio-économique moderne. C'est toutefois à un poste de saisie informatique, dont le rapport à l'autre n'est pas l'essence première, qu'elle a réussi à se réfugier. Elle peut ainsi tranquillement travailler à son objectif professionnel le plus ultime : ne pas se faire remarquer !

Pauline, ou **la timidité maladive**

Structurellement inapte au commerce des humains, Pauline boude volontiers machines à café et autres « espaces fumeurs », pour se cloîtrer aussi longtemps qu'elle le peut dans son petit bureau au fond du service comptabilité. Elle n'en sort que pour satisfaire aux besoins naturels les plus élémentaires, en choisissant toujours scrupuleusement ses horaires. Ainsi déjeune-t-elle vers 11 h 30, pour être sûre de croiser un minimum de collègues à la cantine. Elle y mange toujours seule, à l'abri derrière un massif de hautes plantes vertes, plongée dans quelque magazine avec une telle intensité que personne n'oserait déranger lecture si concentrée. Elle regagne ensuite son antre par des chemins détournés qui, certes, rallongent un peu ses trajets, mais lui évitent de rencontrer trop de monde…

Ce n'est pas que Pauline les méprise ou les dénigre. Comprenez-la, Pauline n'est ni hautaine, ni dédaigneuse : c'est qu'elle est paralysée à l'idée de devoir converser avec un autre être humain, car il n'est pas rare, au détour d'un couloir, qu'une connaissance vous arrête pour échanger quelques mots. Mais cet événement de la vie professionnelle, anodin pour la plupart d'entre nous, est pour Pauline un véritable calvaire. À peine se voit-elle obligée de répondre à cette personne, qu'elle sent déjà le rouge lui monter aux joues. Honteuse d'une telle manifestation d'embarras, elle ne sait quoi dire et se trouve prise dans une spirale de gêne, faite de silences pesants et de honte contenue. Elle finit invariablement par se sentir stupide, détestant sa gaucherie et son mutisme de carpe aphone, jusqu'à ce que, enfin, la séparation vienne interrompre le supplice de cette rencontre inopportune. Ainsi rares sont ceux qui l'ont croisée dans l'ascenseur : Pauline préfère emprunter les escaliers, plus calmes et beaucoup moins fréquentés. L'idée même de se retrouver dans un espace confiné avec des gens qu'elle ne connaît pas est source d'une terrible angoisse : peut-être se verrait-elle obligée de leur adresser la parole !

Pour vivre heureux, vivons cachés…

Pour conserver ses habitudes et sa bienheureuse tranquillité, Pauline doit passer inaperçue. Ainsi, avec une prudence méticuleuse, fera-t-elle toujours dans son travail exactement ce qu'on lui demande, ni plus, ni moins. Aussi bien une défaillance de ses performances qu'un zèle trop prononcé risqueraient d'attirer l'attention. Elle se verrait alors obligée de se justifier et donc d'adresser la parole à son supérieur hiérarchique ! Peut-être pire encore : devoir accepter une promotion… et se voir confier des responsabilités managériales !

S'il est bien une chose que Pauline redoute par-dessus toutes, c'est de devoir un jour diriger une équipe. Parfois, au beau milieu de la nuit, Pauline se réveille suffocante de cauchemars horribles, où elle se voit responsable d'une entité de quinze personnes, devant animer des réunions, prendre la parole en public, conduire des entretiens annuels et faire preuve d'autorité…

Le malheur de Pauline

Parfois, la vie professionnelle réserve des surprises et les voix hiérarchiques sont impénétrables. Lasse des querelles intestines au sein d'une petite entité comptable fort convoitée, la Direction décida d'en confier la tête à une personne calme et discrète histoire de calmer les esprits échauffés. Pauline se vit offrir le poste… Son plan de formation prévoit en priorité une préparation à l'expression orale… donc de quoi alimenter quelques-unes de ses futures nuits blanches !

Comment **optimiser** Pauline ?

Quelques conseils pour la faire progresser

Pour la faire sortir d'elle-même, ne faites pas :

- Ne lui confiez pas de tâches qu'elle peut faire seule, enfermée dans son bureau, sans contact avec l'extérieur.
- N'oubliez jamais de vous arrêter quand vous la croisez, et de lui poser des questions sur l'avancée de ses travaux.
- Ne pensez pas que, parce qu'elle ne dit pas grand-chose, elle n'a rien à dire.

Ne dites pas non plus :

- Vous allez me parler, oui ou non ?!
- J'ai l'image, mais je n'ai pas le son !

Mais exprimez-vous comme elle !

- Obligez-la à changer son horaire de déjeuner.
- Trouvez tous les prétextes possibles pour la faire sortir de son bureau.
- Installez-vous à sa table et demandez-lui de vous raconter ses vacances. Parlez un minimum en laissant résonner les silences pesants.
- Ayez toujours l'air parfaitement à l'aise avec elle.

Dites par exemple :

- Si vous aviez plus confiance en vous, Pauline, vous rougiriez moins.
- Ce n'est pas la peine de vous cacher derrière les plantes vertes, Pauline !
- Je vous écoute, Pauline.

Petite satisfaction personnelle

Lorsqu'elle sera mutée, allez assister aux réunions qu'elle sera obligée d'animer. Préparez des questions embarrassantes pour voir comment elle s'en sort. Puis récupérez son horaire de déjeuner pour être tranquille et éviter de perdre trop de temps en discutions de couloirs. Faites semblant d'être timide pour masquer le mépris croissant que vous avez pour vos collègues !

Notes de Victor

L'art du management s'accommode mal de la peur de l'autre. Cette peur trouve sa forme la plus claire et peut-être la plus honnête dans la timidité. Mais elle peut également se trouver dans l'inverse de la timidité, dans un mépris total des autres qui conduit à toutes les manipulations. On peut donc comprendre cette volonté hiérarchique de voir Pauline s'ouvrir à un autre type de fonction. Laissons-lui en tout cas la possibilité de revenir en arrière : on peut ne pas être fait pour le management !

Rémi est un professionnel médiocre, mais qui plaît à ses hiérarchiques. C'est que Rémi passe le plus clair de son temps – c'est un euphémisme – à être aux petits soins pour eux : il est partout où ils sont et s'arrange pour leur glisser en chaque instant des réflexions qui leur plaisent ; et s'il se trouve un public, il rappelle inlassablement leurs propos et les cite avec déférence. Bref, Rémi « grenouille » !

Rémi, ou **la grenouille**

Il n'hésite d'ailleurs pas non plus à pratiquer la délation, si quiconque s'est déclaré en opposition avec lesdits propos... du moment qu'il s'en trouve lui-même valorisé, Rémi ne s'encombre d'aucun scrupule moral ou déontologique. Enfin, il se plaît à rapporter, en demi-teintes, les confidences de ces princes dont il a la faveur et déverse sur le menu peuple de ses collègues et collaborateurs sa verve narrative.

Rémi a remarqué que grenouiller ainsi était pour lui le plus sûr moyen de progresser dans sa carrière et il a mis au point pour ce faire – c'est un véritable mérite, si l'on y réfléchit – une technique fort élaborée, dont nous rapportons ici quelques traits ou accents, afin de lui rendre un hommage appuyé.

Quand le réseau va, tout va !

Rémi, en effet, n'est pas compétent, mais il a des relations avec des gens compétents. Il a peu de professionnalisme, mais il connaît certaines personnes qui en ont beaucoup. Il n'a pas de talent, mais il a une langue qui peut le faire croire et des pieds qui peuvent le transporter d'un bureau à un autre. C'est un homme né pour les allées et venues, pour écouter des propositions et les rapporter… pour les faire siennes au passage ; pour servir de médiateur à des gens qui se querellent sans s'être jamais vus ; pour réussir, dans une affaire, à en manquer dix ; pour se donner la gloire de la réussite et reporter sur les autres la responsabilité des échecs.

Il est au courant de tous les bruits qui courent, des ragots et des rumeurs qui circulent sous le manteau, de tout ce qui se dit dans les confidences d'entre-deux portes. Il ne fait rien, il dit ou écoute ce que les autres font et le colporte à qui veut l'entendre. Il sait même le secret des petits comités : il entre dans les plus hauts mystères ; il vous dit pourquoi celui-ci est évincé et pourquoi on rappelle cet autre ; il connaît le fond et les causes de la brouillerie de ces deux collaborateurs et du conflit de ces deux directeurs. N'a-t-il pas prédit aux uns et aux autres ce qui risquait d'arriver ? N'était-il pas présent à certains propos qui furent tenus ? Ne fit-il pas son possible pour empêcher l'irréparable ?

Aussi les déjeuners prennent-ils, à la table de Rémi, une saveur de curiosité maladive, de potins croustillants, de petits sourires mesquins et de gros rires sous-entendus. On consulte Rémi non parce que l'on pense à raison que ses informations sont fiables, mais parce que, en l'absence d'informations, on se dit que celles qu'il délivre doivent bien comporter une part de vérité !

Notre grande faiblesse face aux grenouilles

Mais nous : l'avons-nous écouté ? L'avons-nous cru ? L'avons-nous répété à notre tour ? Comment faire autrement ? Qui, en effet, a eu plus de part que ce cher Rémi à toutes ces intrigues de la direction ? Et s'il se trompait, s'il avait lui-même cru ou imaginé tout cela, comment pourrait-il espérer nous le faire croire ? Pour tout dire : aurait-il cet air important et mystérieux d'un homme chargé d'une mission confidentielle ?

C'est notre crédulité et l'appât de la concupiscence ou de notre intérêt qui fait tous les Rémi de la terre… et qui nous transforment en eux ! Car plus que tout, la grenouille est contagieuse.

Comment **neutraliser** l'influence de Rémi ?

Quelques conseils pour neutraliser son influence

Pour le marginaliser, ne faites pas :

- Ne lui accordez pas votre oreille ; dès que vous le voyez s'approcher, abordez un sujet qu'il ne connaît pas, ou faites mine d'être sur le départ pour un rendez-vous important.
- Ne rapportez jamais à autrui les propos de Rémi. Inutile de lui faire la moindre publicité. Mettez plutôt systématiquement en doute, avec un humour détaché, ses grandes révélations et ses petits racontars.
- Ne lui racontez rien, ayez toujours l'air d'en savoir plus que lui : il vous courtisera en se disant que vous êtes important(e).
- Ne lui prêtez aucun crédit et si le directeur vous demande ce que vous pensez de Rémi, demandez-lui malicieusement : « Rémi ? Qui est-ce ? ».

Ne dites pas non plus :

- Heureusement que Rémi était là pour nous donner cette information !
- Rémi, que pense le directeur de ce sujet ?
- Dites-nous tout !

Mais exprimez-vous comme lui :

- Gardez en toutes circonstances un air mystérieux, n'ayez jamais l'air étonné par ce qu'il vous raconte : il pensera que vous êtes très informé(e).

- Sous-entendez seulement que vous avez votre propre réseau d'information.
- Faites-lui transmettre de fausses informations pour lui expliquer publiquement qu'il raconte n'importe quoi.

Dites par exemple :

- Comme me disait Marc (le P-DG) hier soir, en prenant le café...
- Ha ! Ces clubs de dirigeants sont très enrichissants pour moi, mais l'adhésion est vraiment hors de prix !
- Ah bon ? Vous n'étiez pas au courant ? !

Petite satisfaction personnelle

Quand Rémi sera muté, faites courir le bruit que vous lui avez, en fait, ménagé une sortie honorable, en accord avec le directeur général. Ce n'est pas que nous soyons grenouilles bien sûr... mais tout de même !

Notes de Victor

Depuis que le pouvoir existe, le grenouillage en est l'un des corollaires les plus nécessaires : c'est dire si l'activité est ancienne. Avoir les faveurs des plus forts correspond d'ailleurs très bien à notre état de nature... surtout quand on n'est pas le plus fort. Mais le comble, c'est que ce sont justement les forts qui aiment les grenouilles ! En d'autres temps, on appelait cette complémentarité d'intérêts « la cour » ! Les princes changent, mais pas un n'est réellement insensible à la flatterie.

Stéphane se pique d'être, dans son entreprise, un fin politique. Non pas au sens où il s'intéresserait à la stratégie et au développement de la société qui l'emploie, mais plutôt de cette sorte d'habileté de dissimulation que l'on qualifie de « politicienne ». Stéphane ne poursuit, au demeurant, que des fins personnelles ; chacun jurerait pourtant qu'il s'occupe de tout et de tous. C'est que son art, à force d'intrigues, passe parfois inaperçu. Il en conçoit alors une jouissance presque immodérée.

Stéphane, ou « le » politique

Stéphane va au-devant de ses ennemis, leur parle, se montre sympathique et leur fait croire par cette démarche qu'il ne les hait point. Il fait ouvertement l'éloge, en leur présence même, de ceux à qui il dresse de secrètes embûches et il s'afflige avec eux, s'il leur arrive d'y tomber. Il semble ne pas tenir compte des discours offensants qu'on lui tient ; il rapporte froidement, avec un sourire bienveillant, les pires critiques qu'on lui a fait. Il trouve les paroles les plus flatteuses pour amadouer ceux qui se plaignent de lui et qui sont aigris des coups bas qu'il leur a infligés en toute mauvaise foi. Son vocabulaire est dans ce cas empreint de superlatifs flatteurs : la moindre qualité qu'il remarque chez son interlocuteur, par exemple, devient dans sa bouche « excellentissime ». Rien que ça !

Si quelqu'un aborde Stéphane pour lui demander quelque chose d'important, il feint d'être débordé de travail, et lui dit de revenir une autre fois. Il cache soigneusement tout ce qu'il fait. Il ne parle jamais librement ; il a ses raisons pour dire tantôt qu'il ne fait que revenir de sa maison de campagne et qu'il n'est pas au courant de ce dont on lui parle, tantôt qu'il a passé la nuit au bureau pour étudier un dossier ; parfois qu'il est souffrant et qu'il a une mauvaise santé. Il dit aux uns que les affaires vont mal, qu'il n'a jamais été aussi inquiet, et aux autres que tout va pour le mieux.

S'avancer masqué

Souvent, après avoir écouté son interlocuteur, il feint de n'avoir pas compris ses propos ou, s'il a reconnu un fait, de ne plus s'en souvenir. Il n'a pour ceux qui lui parlent d'affaires que cette seule réponse : « J'y penserai ». Il affirme qu'il sait ceci, qu'il ignore totalement cela, qu'il est très étonné, qu'il est d'accord avec vous, qu'il est en complet désaccord avec vous… selon ses différents intérêts, et ses intérêts varient, en plus !

S'il vous déçoit alors par sa versatilité, Stéphane le sentira, surtout s'il a besoin de vous. Comptez sur lui pour vous expliquer que des enjeux que vous ignorez l'obligent à ne pas appuyer officiellement vos positions, même si, sur le fond, il est entièrement d'accord avec vous… Avant de s'en aller, il vous enjoindra, l'air presque ému, de garder confiance et de rester patient : la pertinence de votre idée finira bien par être reconnue, Stéphane s'engage à y travailler dans l'ombre !

Stéphane a encore mis au point quelques petites tactiques rhétoriques qu'il emploie couramment. En voici deux exemples :

- face à une difficulté dans laquelle il a une part de responsabilité : « Je n'en crois rien, je ne comprends pas comment on en est arrivé là, ai-je manqué une étape ? Je ne sais plus ce qu'il faut penser » ;
- face à quelqu'un qui commente le calcul machiavélique du directeur le concernant : « Ce n'est pas ainsi qu'il me l'a fait entendre ; voilà quelque chose de bizarre et qui dépasse l'entendement ! Dois-je vous croire ou me persuaderais-je qu'il m'a dit la vérité ? ».

Il manie avec dextérité le double langage empli d'artifices. Du coup, il passe partout ; n'a ni grands amis ni grands ennemis, enrobe tout dans sa dissimulation constante, tout en mettant à l'œuvre sans aucun état d'âme, les manœuvres, les attaques et les exécutions de ceux qui représentent le moindre obstacle sur son chemin.

La limite de Stéphane

Stéphane a un brillant avenir dans l'entreprise, s'il ne tombe pas sur plus politique que lui ! Il lui faudra alors penser à une alliance… Déchoir n'est pas choir !

Comment **fréquenter** Stéphane ?

Quelques conseils pour vous protéger de lui

Pour ne pas être utilisé, ne faites pas :

- Ne cherchez pas à être plus malin que lui. Fuyez-le, si cela vous est possible !
- Ne lui faites aucune confiance, surtout s'il vous offre des marques d'amitié.
- N'oubliez pas que vous ne pourrez jamais compter sur son soutien, principalement en cas de danger.
- Ne perdez jamais de vue son intérêt : en toute circonstance, c'est ce qu'il poursuivra. Vérifiez l'écart entre son intérêt et le vôtre, afin de mesurer les risques encourus.
- Ne soyez pas dupe de sa sympathie, s'il vous a subitement à la bonne. Demandez-vous plutôt à qui il veut tendre un piège en vous utilisant.

Ne dites pas non plus :

- En public : Alors, Talleyrand, ça marche les intrigues ?!
- J'ai toujours su que je pourrais compter sur vous !
- Stéphane, mon ami, parlons-nous franchement...

Mais utilisez-le contre lui-même !

- Mettez en avant « sa riche expérience et sa vaste intelligence de situation »...
- Faites-le parler stratégie. Glanez des informations.
- Allez systématiquement vérifier à la source les infos qu'il vous livre : soit il en rajoute, soit il en retranche.

- Demandez-vous toujours contre qui vous pourriez lui être utile ou comment il pourrait vous causer du tort. Stéphane en a déjà certainement une petite idée.
- Cherchez vos points faibles et comment il pourrait en profiter.

Dites par exemple :

- Vous êtes l'un des piliers de cette maison et vous avez l'intelligence de savoir rester discret.
- Dans n'importe quelle situation, vous pourriez vous en sortir : vous êtes un véritable homme d'action !
- Vous devriez écrire un livre de management, Stéphane.

Petite satisfaction personnelle

Le jour où il sera viré, montez une cabale pour lui pourrir son pot de départ. Puis, arrangez-vous pour récupérer son réseau : encensez sa mémoire auprès de ceux qu'il courtisait, méprisez-le avec ceux qui s'en méfiaient. Ne perdez plus jamais de vue votre intérêt, ne prenez plus de risque et achetez-vous des mouchoirs pour couvrir votre orgueil, en vous disant qu'une petite hypocrisie vaut toujours mieux qu'un mauvais calcul. Après tout, un peu de politique n'est-elle pas nécessaire ?

Notes de Victor

Dans un contexte libéral ardu (comme dans les environnements collectivistes les plus draconiens), la ruse et les alliances de réseau deviennent les éléments les plus cruciaux de l'univers professionnel. Les coups bas, les manipulations et les petites hypocrisies n'ont plus rien d'étonnant et revêtent parfois même la noblesse du professionnalisme le plus avéré. Les Stéphane prospèrent tranquillement : c'est la dure loi du marché...

Viviane est une femme simple, d'origine franchouillarde traditionnelle, assez bien de sa personne. Mais la simplicité de son esprit le disputant largement à celle de sa nature, elle s'était mis dans la tête, après deux ou trois médiocres années de fac, de devenir consultante auprès des entreprises.

Viviane, ou **la sémillante consultante**

Ne pouvant y parvenir par ses seuls offices, elle eut recours à l'une de ses connaissances, concubin de sa meilleure amie, responsable du service formation. L'animal eut tôt fait de saisir l'opportunité que le sort lui offrait : il prit Viviane sous sa coupe, la forma de sa propre baguette et la fit travailler sur de petites actions de formation interne où elle put développer ses talents.

De fait, Viviane s'en sortait plutôt bien, du moins lorsque le public de ses stages était à dominante masculine. Il n'était pas certain du tout que ces professionnels consciencieux aient appris quoi que ce soit qui puisse leur être utile, mais leur taux de satisfaction battait du moins des records ! C'est que le bonhomme, assez malin, la plaçait plutôt sur des stages « récompenses » ou « achat de paix sociale », comme on en trouve somme toute beaucoup dans les moyennes et grosses entreprises. C'est que Viviane, avec cette intelligence de situation – une sorte d'instinct viscéral – qu'ont les jolies femmes en face des hommes qui leur sont utiles, faisait jouer sans vergogne toute la panoplie de ses talents de séduction et de son aise dominatrice.

Avoir l'air compétent est une compétence

Il faut avouer qu'elle y excellait. De ses discours fleuves et creux émanaient des œillades et des postures ravageuses. À table, son rire affriolant et continu assaisonnait les plats d'une excitation inattendue – mais fort appréciable dans la morosité des cantines d'entreprises. D'autre fois, elle tirait le meilleur de la mode pour suggérer une aise qu'elle ne possédait pas et affichait un parisianisme tout emprunté qui faisait un malheur sur les notables de la filiale provinciale montés à la capitale pour l'occasion.

Sur le fond, pour tâcher de se convaincre du sérieux de son travail – ou pour donner le change ? –, elle s'obligeait à lire les classiques de la sociologie des organisations, les manuels de communication et les notices techniques de la psychologie humaine que l'on trouve dans tous les rayons de librairie concernant la « vie » *(Sic !)* des entreprises. En fait, Viviane piquait çà et là des portions de discours qu'elle arrangeait sans toujours bien les comprendre, mais avec une verve qui lui permettait de parler toute une heure sans quasiment respirer. Prononcées dans le bon rythme et avec l'expression corporelle que nous avons déjà évoquée, ces longues saillies provoquaient la plupart du temps l'effet escompté : un passe-temps affable et un appétit… grandissant.

La grande utilité de Viviane

Après tout, Viviane ne faisait de mal à personne et procurait bien à ses vis-à-vis ce petit frisson d'aise qui permet de supporter patiemment les longues journées de formation. Évidemment, le DRH s'aperçut tout de même, au bout d'un certain temps, de l'inutilité caractérisée d'actions qu'il finançait à grand prix. Après quelques velléités d'intervention, il préféra finalement laisser faire, tant par lassitude que par intérêt.

Ne pas faire réellement changer les choses tout en rendant les gens contents vaut plus cher qu'on ne le croit !

Comment **exploiter le talent** de Viviane ?

Quelques conseils pour la mettre en valeur

Pour faire jouer son meilleur côté, ne faites pas :

- Ne l'envoyez pas intervenir dans un colloque, mais placez-la sur un stand pour attirer le chaland et prendre les premiers contacts, comme on le voit couramment dans les salons de l'automobile.
- Ne lui demandez pas son avis, mais invitez-la à dîner dans les soirées où il est de bon ton d'être accompagné par une collaboratrice dévouée.
- Ne lui faites pas mener de mission de conseil stratégique, mais confiez-lui la formation catalogue d'initiation à la communication auprès d'une population béotienne en la matière.
- Ne la placez pas dans une équipe déjà performante, elle aurait tôt fait de distraire tout le monde. Utilisez-la plutôt dans un secteur fonctionnel pour mettre une bonne ambiance.

Ne dites pas non plus :

- Qu'avez-vous pensé, Viviane, des bouquins d'Habermas sur la théorie de l'agir communicationnel ?
- Faites-moi donc une synthèse du colloque sur l'aide à la prise de décision et sur la théorie des jeux appliqué à l'entreprise.

Mais adoptez le meilleur de ses techniques de communication :

- Soyez tout sourire et exprimez-vous très simplement.

- Employez parfois des concepts complexes tout en supposant qu'elle comprend ça par cœur : elle sera impressionnée sans oser vous contredire et vous la verrez opiner du sous-chef.
- Lorsque vous lui parlez, posez régulièrement la main, d'un air sympathique, sur son bras ou son épaule. C'est une femme de contact.

Dites par exemple :

- Viviane, j'aurais besoin de votre photo pour notre site Internet.
- Voudriez-vous m'accompagner lors de mon prochain voyage d'étude à Cuba ? Il me faudra quelqu'un pour assurer mes « *publics relations* » lors des cocktails.
- Ne cherchez pas à trop conceptualiser, Viviane, restez vous-même !

Petite satisfaction personnelle

Lorsque Viviane partira, restez en contact avec elle pour la faire travailler occasionnellement dans son cadre de compétence, tel que nous venons de le décrire. Elle vous en sera très reconnaissante. Vous connaissez quelques directeurs qui apprécient tellement ce genre de superficialité qu'ils vous en redemanderont et vous seront redevables.

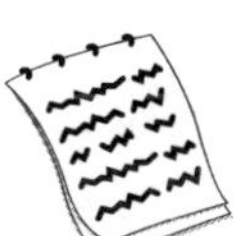

Notes de Victor

Viviane est ce genre de personne qui n'aura jamais de difficulté à retrouver un emploi. Son empathie naturelle est un véritable atout, superbement servi par ses allures de diva. Sa bonne compagnie peut même faire oublier ses carences pendant un bon moment. Là encore, il suffit de la placer à un poste qui lui corresponde. Quel bonheur alors de travailler avec elle !

Synthèse de l'audit

« L'humour est une tentative pour décaper les grands sentiments de leur connerie. »

RAYMOND QUENEAU

La synthèse de cet audit « caractériel » livre un certain nombre de constats qu'il importe de retenir, si nous voulons réussir à travailler ensemble, sans aboutir à ce genre de détestations qui configurent les guerres les plus intestines : celles qui tiennent à ces petits riens… devenant aussi gros que des montagnes.

Rappelons qu'il ne s'agissait pas pour nous de se moquer gratuitement d'autrui, en ridiculisant cyniquement des comportements et préoccupations qui sont aussi les nôtres. Certes, les salariés de l'entreprise X, à quelque poste qu'ils occupent, ne sont pas exempts des défauts que l'être humain a toujours su merveilleusement cristalliser. Durant ces quelques mois passés au milieu de ces personnes ni pires ni meilleures que les autres, nous avons rencontré absence d'écoute, mensonge, lâcheté, orgueil, paresse, envie, plainte, entêtement, hypocrisies de toutes sortes… bref, tous ces travers humains que les organisations humaines et leurs cercles de pouvoirs ont toujours su générer en leur sein. Rien de nouveau sous le soleil, donc !

Notre but n'était pas non plus de livrer une énième nomenclature de la psychologie humaine, servant à classer ses collègues et collaborateurs dans des compartiments socio-cyniques étanches à toute bienveillance. Cette démarche trop facile ne ferait que stéréotyper un peu plus nos rapports professionnels. Il ne s'agit pas d'enfermer dans des schémas réducteurs des personnes qui, au final, se distinguent toujours nettement de leurs attributs, même les plus odieux.

En revanche, nous nous sommes attachés à mieux comprendre certains comportements représentatifs, sources de nos si nombreuses et habituelles difficultés relationnelles. En cherchant à en décortiquer les causes et les rouages, nous avons fait un constat simple, mais fondamental : **les mêmes comportements tendent à se répéter d'autant plus fréquemment qu'on n'en a pas conscience**. De fait, nous avons pu constater combien des attitudes réitérées pouvaient alimenter de tensions entre les individus, jusqu'à pourrir une ambiance de travail et influer sur les performances de chacun.

De plus, des similitudes comportementales flagrantes nous sont apparues entre les salariés eux-mêmes. À ce titre, il nous a semblé utile d'envisager certaines de leurs fréquentes conduites à la lumière d'un ou plusieurs modes de fonctionnement « caractériels », dont ces personnes semblaient se rapprocher. Cette démarche nous a servi à illustrer notre seconde idée de fond : **nous énervons d'autant plus notre entourage que nous ne nous rendons pas compte de nos travers.**

Ainsi, la connaissance que prétend offrir cet audit un peu particulier n'est qu'un savoir léger, à vrai dire un **gai savoir** car, si nous ne savons pas nous accommoder les uns des autres, toutes nos prétentions de sagesse humaine deviennent hypocrites et insipides !

Victor

Janvier 2004

Conclusion des notes personnelles de Victor

« Notre intention a été d'avertir, non de mordre ; d'être utile, non de blesser ; de faire du bien aux mœurs, non du tort aux hommes. »

ERASME

Nous pourrons tous retrouver une part de nous-mêmes dans chacun des caractères présentés ici. Peut-être nous reconnaîtrons-nous plus franchement dans deux ou trois d'entre eux.

L'histoire ne dit pas de quel caractère Victor se sent le plus proche… après tout c'est son secret !

La description des caractères que nous subissons exige à l'évidence un état de conscience qui confine à l'ironie. Comment pourrait-il en être autrement ? Mais nous pensons vraiment que la lucidité, loin de conduire à un enfermement stérile, ouvre au contraire le champ d'une plus subtile observation dont nul, à commencer par nous-mêmes, ne saurait sortir tout à fait indemne. Une salutaire ironie n'est ainsi pas exempte de finesse et nous sommes sûrs que chacun saura aisément trouver les exemples qui le feront sourire, car il ne s'en manque pas de par le vaste monde !

Si ces sourires sont la marque d'un humour qui peut permettre à chacun de dédramatiser les relations humaines, d'assouplir les regards que nous portons sur autrui et de nous déculpabiliser un peu de nos propres errances, alors cet audit aura véritablement atteint sa finalité. Disons-le autrement : la considération même des dérives qui nous commettent dans les pires stupidités nous interdit désormais tout amalgame entre la personne et ses travers, entre M. Durand et le « brise-gland », entre Mme Christophe et la « catastrophe ». C'est réconfortant !

Cette prise de recul sur les turpitudes relationnelles qui nous affectent nous dote ainsi définitivement d'une bienveillance qui nous permet de vivre le quotidien avec une tolérance dont nul d'entre nous n'est spontanément coutumier.

Il me revient ainsi une pensée de Pascal, que je pourrais paraphraser de la sorte : les hommes (et quand nous disons les hommes nous embrassons toutes les femmes !) sont si nécessairement « de travers » que ce serait être singulièrement de travers, par un autre tour de travers, que de n'avoir point de travers.

Je garderai un bon souvenir, par un biais ou par un autre, de chacun de ceux que j'ai ainsi rencontrés.

Ma mission est achevée ; il leur reste à présent à mieux travailler ensemble, malgré tout… et grâce à tout.

Je leur ai néanmoins remis, après mûre réflexion, un dernier caractère. En annexe de mon rapport. Il s'agit de Xavier… En le lisant, vous comprendrez les raisons de mon hésitation.

Épilogue

Quel bonheur de travailler avec Xavier ! Il aime bosser dans le calme et l'humour, il sait écouter et le trait le plus marquant de son caractère est l'enthousiasme qu'il communique à ses collaborateurs. Il a le souci de la justice et ne cherche pas à favoriser tel ou tel. Bref, on se demande d'où il sort !

Xavier, ou **l'extraterrestre**

On peut discuter avec Xavier : il ne prend pas pour une attaque personnelle un désaccord avec ses positions. Il est même capable d'écouter la contradiction et de réajuster ses décisions si besoin est, avec une véritable gratitude à votre endroit. Pour compléter le tableau, il vous invitera à valoriser votre initiative, sans s'en attribuer lui-même le mérite.

Personnalité étrange que Xavier, qui recherche l'efficacité et le bon sens plutôt que la pérennité de son réseau et la gloriole personnelle. Mais le plus étonnant est encore sa façon de « manager » son équipe. Il promeut la performance en désagrégeant la subordination servile. Il cherche à capitaliser sur les succès, comme sur les erreurs commises ! Il ne voit pas comme une faiblesse le fait de se tromper et avoue lui-même volontiers ses propres erreurs ! Il lui arrive même de couvrir un collaborateur et de ne pas désavouer ses subordonnés à la première occasion ! On dit plus : il paraîtrait que l'humiliation n'a pas cours à son étage… vous rendez-vous compte ?

Mais ne vous y trompez pas : Xavier sait pour autant se faire respecter et dire ce qu'il a à dire. Ni colérique, ni lâche, il emploie le plus souvent un autre mode de communication : il argumente. En revanche, il est impitoyable envers tout signe de division ou de concurrence interne à son équipe : il sait trop à quel point la performance supérieure exige de ne pas faire de distinction entre la performance individuelle et la performance collective : aucune d'entre elles ne va sans l'autre, quand on connaît bien les hommes.

Le pire est que Xavier combine ses caractéristiques avec naturel. Un naturel acquis à force de travail et de droiture professionnelle. En même temps il ne se force pas. Le stress est pour lui une perte de temps et d'énergie qu'il a évacuée de ses méthodes de travail. Il est doté de bienveillance et de compétence, même quand ça ne se voit pas. La rumeur circule : on dit que les membres de son équipe arrivent le matin avec le sourire !

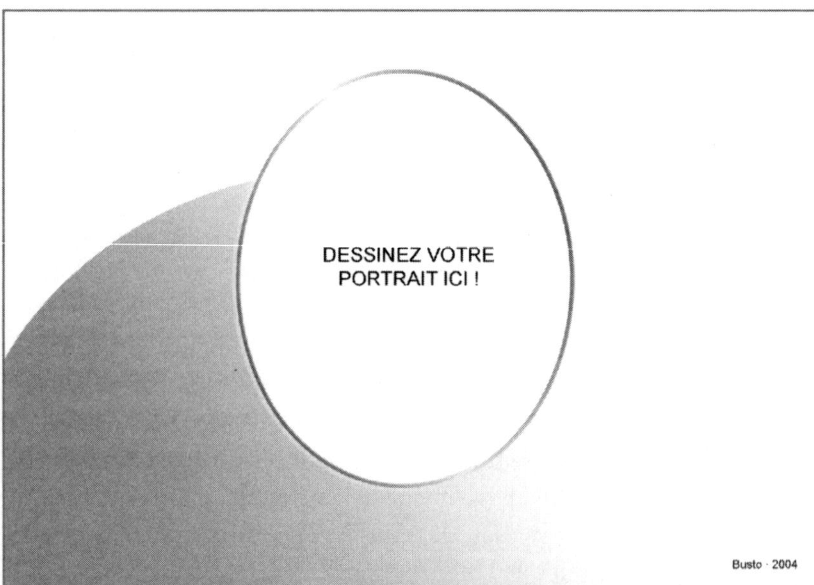

Tenir ses engagements, même si cela demande plus de travail, est pour lui une chose normale. Il sait parler, dire quand ça va et quand ça ne va pas. On a même l'impression que c'est à vous qu'il parle. Sa bienveillance ne tourne pas au gré des flatteries.

Mais c'est en haut lieu que ses manières de travailler paraissent le plus exotiques. On s'en méfie. D'ailleurs, les promotions se succèdent au gré des alliances de réseaux, sans qu'elles ne touchent Xavier, aux résultats pourtant excellents. Ils sont même tellement probants qu'on lui explique qu'on ne peut se passer de lui là où il est... les autres sont promus parce qu'ils ont atteint leur seuil d'incompétence !

Le salut de Xavier

À son étage, on va beaucoup regretter Xavier : il part à l'étranger où un fournisseur a vu en lui un collaborateur de grande valeur.

Il paraît que son entreprise franco-française n'a rien fait pour le retenir...

Comment ne **jamais devenir** comme Xavier ?

- Ne prenez plus de risques : laissez les autres prendre les décisions ou retardez au maximum la responsabilité de « trancher ». Comme le disait Henri Queuille, « *il n'est aucun problème, si complexe qu'il soit, qu'une absence de décision ne finisse par résoudre.* » Laissez les événements imposer leur loi en invoquant un saint pragmatisme. Déléguez les décisions importantes à des experts, vous serez couvert.
- Contentez-vous de l'existant : le changement est mauvais. Il remet en cause trop d'équilibres complexes et un bon « tiens » vaut mieux que deux « tu l'auras ». Appuyez-vous sur l'expérience du passé : c'est plus sûr. Ne considérez que le prévisible.
- Dans le même temps, tenez quantités de discours sur le changement, la réforme des méthodes et des habitudes, ce qu'il faudrait faire… et surtout n'en faites rien ! En votre for intérieur, reportez-vous au point ci-dessus.
- Ne modifiez pas une stratégie qui donne de bons résultats, même si l'environnement et les conditions changent. Le mieux est en fait de ne pas avoir de stratégie et de ne vous occuper que du commercial : vous trouverez toujours votre justification. N'ayez pas de vision : gardez le regard fixé sur les comptes.
- Ne soyez pas exigeant. Le niveau actuel est bien suffisant pour vos clients. Inutile de continuer à se renouveler tant qu'il n'y a pas de plainte. Quant à vos collaborateurs, demeurez vagues et ne vous engagez pas. Gardez juste un œil sévère sur les horaires et la manière de s'habiller. Préférez toujours l'urgent à l'important.
- Justifiez la baisse des performances. À l'évidence, les problèmes proviennent de la conjoncture économique, de la concurrence, de l'état, des syndicats, de la bourse, etc.

- Pensez d'abord à vous, à votre réseau et à votre honneur. N'admettez jamais une erreur. Reportez la critique sur quelqu'un d'autre, sur la complexité du monde, sur votre agenda surchargé, etc. Tirez toujours votre épingle du jeu : plus tard, ça peut servir.
- Écoutez toujours le dernier qui a parlé : il a l'avis le plus moderne.
- Surveillez vos concurrents plutôt que vos clients. N'hésitez pas à perdre la guerre du marché pour gagner la bataille de la concurrence. Réduisez vos effectifs, les investisseurs vous trouveront compétent. Relisez le point n° 4.
- Attachez plus d'importance aux apparences qu'aux réalités, aux avantages et au prestige qu'à votre mission. Gérez votre carrière par votre réseau. Soyez de tous les cocktails plutôt qu'auprès de vos collaborateurs. Ayez toujours l'air de prendre en compte tous les avis. Promettez toujours : vous invoquerez le « réalisme » pour ne pas tenir.

Les grands **secrets** du comportement de Xavier

- Essayez d'identifier ce à quoi vous tenez vraiment ; ce qui est fondamentalement important pour vous. Réfléchissez à la vie que vous voulez, puis resituez votre activité professionnelle dans votre **choix de vie.** Vous restaurerez ainsi la hiérarchie de valeurs qui vous convient et retrouverez un peu de sérénité.
- Regardez autour de vous : découvrez qu'il n'est pas vrai qu'il faille s'entourer de toutes les apparences du pouvoir pour être assuré d'avoir de l'autorité. Allez au contact avec franchise. Relativisez vos craintes et posez-vous : la peur n'a jamais évité le danger !

- Cessez de penser qu'il faut tout décider par vous-même, tout prévoir, tout planifier, tout vérifier, tout contrôler pour être assuré que le travail sera bien fait, que les objectifs seront atteints. Faites de vraies délégations, correctement définies ; assumez franchement votre responsabilité ; soyez vous-même le collaborateur des autres.
- Prenez conscience du fait qu'il y a toujours un moyen ou un autre pour que votre projet personnel prenne sa place dans une vision collective. Cherchez et vous trouverez !
- Aidez les autres à être un peu plus eux-mêmes dans cet effort de vision collective. Ils vous le rendront !
- Soyez rigoureux ; montrez-vous exigeant, mais faites preuve d'indulgence. Dites ce que vous faites et faites ce que vous avez dit. Le respect de la parole donnée est le fondement de l'autorité.
- Faites confiance, appelez-en aux capacités d'autonomie et d'auto-organisation. Les gens ont toujours plus de capacités qu'on a généralement tendance à le supposer. Leur faire confiance, c'est les former.
- Considérez le talent d'autrui comme une chance et non comme un risque pour vous-même. Acceptez les critiques et modifiez votre comportement : c'est vous qui progressez !
- Acceptez d'être redevable à autrui. Vous n'êtes pas seul sur le chemin que vous avez choisi d'emprunter. Relisez les points n° 4 et 5. Être roi est idiot ; ce qui compte, c'est de faire un royaume.
- Faites vôtre cette pensée de R. Blanchard : « *Chaque individu est un gagnant en puissance. Certains sont déguisés en perdants. Ne vous laissez pas tromper par les apparences.* » Manager, c'est aller dénicher le gagnant dans l'autre.

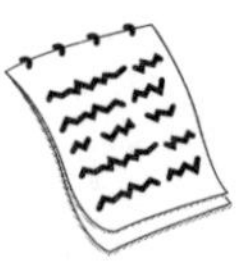

Notes de Victor

No comment. Il n'est plus en France !

Conclusion

Cet audit trouve en définitive son champ d'application tant dans la vie professionnelle que dans la vie privée. Certes, les éléments qui provoquent la cristallisation des caractères en nous sont différents dans les deux cas. Il n'est d'ailleurs pas rare de ne pas reconnaître un collègue dans une sphère privée, tant son comportement est différent de celui dont il fait preuve dans l'entreprise ! Le joyeux drille sympathique qu'on a connu en vacances reprend souvent, de retour au bureau, le visage de la peau de vache austère qu'on ne lui aurait jamais prêté, mais sous lequel seuls le reconnaissent ses collègues et collaborateurs ! Le groupe a toujours tendance à aliéner l'individu, lui faisant jouer un rôle qui le fait souvent souffrir en premier, avant même d'imposer sa tyrannie aux autres ! On nous attend toujours « comme d'habitude », sous le même visage, le comble est que, lorsque nous voulons changer, l'inquiétude et la suspicion des autres nous rendent non crédibles ! Nous voici ainsi cristallisés de l'extérieur dans des attitudes et figés dans une image que nous renvoie notre entourage.

La tentation est donc grande de reproduire l'indifférence totale à l'autre, dont nous sommes nous-mêmes l'objet. Définitivement désillusionnés sur la nature humaine, encouragés par le milieu professionnel lui-même, nous versons vite dans une impassibilité de fond, un cynisme poli par lequel nous ne voyons plus nos contemporains que sous le rapport où ils servent ou non nos propres intérêts. Une étrange froideur s'empare lentement de nos consciences, s'installant progressivement en nous-mêmes à la manière d'un anesthésiant qui glacerait peu à peu nos articulations et nos muscles. C'est ce processus de propagation que le grand poète allemand Reiner Kunze désigne sous le nom de « pétrification ». Une fois achevé, nous sommes devenus aveugles et sourds, parfaitement indifférents et insensibles aux êtres qui nous entourent. C'est d'ailleurs cette insensibilité qui apparaît aux yeux du poète comme la marque la plus essentielle de la barbarie ; la brutalité et la cruauté n'en sont que les conséquences les plus atrocement logiques.

Cette logique d'étiquetage figé arrange finalement assez bien la gestion des Ressources Humaines, son meilleur alibi reposant sur le détournement de la notion même de professionnalisme : l'exigence du sérieux ne veut-elle pas qu'on se départisse de toute sensibilité ?

Entreprise et professionnalisme

Peu de notions sont aussi employées, dans le monde de l'entreprise, que celle de professionnalisme. Le terme « professionnel » est même parfois devenu une image de marque, appliquée sur les produits comme une étiquette valorisante. Mais sait-on toujours clairement, à force d'évidences tacites, ce que ce terme recouvre ? Il ne suffit pas, n'en déplaise à certains, d'exercer un métier – même depuis de nombreuses années – pour pouvoir se dire « professionnel ». Il ne suffit même pas d'être un expert en son domaine. Au risque de choquer, s'il s'agit là de conditions nécessaires, elles ne sont certainement pas suffisantes. Le professionnalisme est une maîtrise des relations entre les causes et les effets d'une action, quelle qu'elle soit, et qui en garantit la reproductibilité et le perfectionnement dans le temps. Les causes en question recouvrent évidemment des compétences techniques, financières, organisationnelles, conjoncturelles, contextuelles, etc. Mais elles recouvrent premièrement une réalité humaine !

C'est d'abord avec des personnes que nous travaillons et les relations entre ces personnes sont déterminantes dans les décisions qui sont prises, les orientations qui sont adoptées, les modes d'organisation qui sont mis en place ! Intégrer et savoir gérer les caractères, susciter des évolutions et les accompagner, parce qu'on ne fait pas d'amalgame entre une personne et son comportement, devrait figurer au premier rang des compétences professionnelles.

S'il est donc vrai que le professionnalisme vise la gestion globale de tous les aspects d'une action, en mesurant avec justesse la proportion qui convient à chacun, comme un grand cuisinier pèse et apprête chacun des ingrédients pour réussir un plat, alors la connaissance de la nature humaine, dans ses grandeurs exemplaires et dans ses faiblesses congénitales, dans ses préoccupations banales comme dans sa fragilité la plus touchante, est le premier facteur d'une réussite réelle.

La logique morbide du stéréotype

Il ne s'agit pas pour nous de conclure cet audit par une démonstration de grands sentiments, en cherchant à réhabiliter *l'humain dans l'entreprise* à grands coups d'élans lyriques. Nous savons trop que les enjeux financiers vitaux, l'urgence des situations et le besoin de résultats tangibles interdisent de fait tout sentimentalisme, dont les revendications lénifiantes parasitent les exigences professionnelles les plus concrètes. On sait de plus combien l'usage des grandes « valeurs », dont plus personne n'est dupe dans l'entreprise contemporaine, a toujours servi la démagogie ultra-libérale. Sans parler des espaces soi-disant protégés de la loi de la jungle (associations, clubs et autres), où les nobles vœux restent souvent d'une piété lassante, pendant que les actes réels confinent aux pires pratiques d'entreprises.

Mais, de même que l'indifférence n'est pas le professionnalisme, la « sensibilité » n'est pas la « sensiblerie ». C'est un effort toujours recommencé pour ne pas enfermer l'autre dans une image stéréotypée. C'est une vigilance qui cherche un chemin possible pour ne plus jamais confondre l'individu et ses attributs.

Objet de mes calculs et de mon énervement, de ma pitié ou de mon admiration, tout semble en effet nous pousser à figer l'autre – le collègue, le voisin, le membre de ma famille – dans ses caractéristiques particulières, au nom du savoir que je crois détenir sur lui. La pratique est commune et les modalités variées. Cet autre n'est finalement plus qu'un objet, rangé dans des casiers divers, par ce besoin d'ordre structurel qui nous fait classer les choses et les êtres pour baliser nos existences et cartographier nos entourages. Bien entendu, c'est sans doute dans le domaine professionnel que le besoin de topographie se fait le plus pressant : gestion oblige. Encore qu'en psychologie et en psychanalyse...

La survie de la personne

Mais demeure toujours le problème de la place de la personne au sein de nos organisations. Sur le papier, et plus encore dans les discours, elle est nécessaire ; mais dans la réalité de la « vie » d'entreprise, elle est aussi absente que le management véritable. Il y a bien là une prise de conscience, qui ne nie pas pour autant les imperfections des comportements individuels... ni la nécessité de tenir le rôle que notre fonction nous assigne. Mais, au-delà du jeu et des tensions relationnelles, la façon dont nous pouvons comprendre les enjeux cachés de ces caractères nous dote d'une miséricorde, d'une bienveillance et d'une bonne humeur qui transforment la lourdeur de nos journées en une conscience plus légère de nos limites réciproques. Cette lucidité peut se décliner dans un savoir-vivre qui comprend à la fois un véritable savoir-faire et un savoir-être, au-delà de la mièvrerie et des « bons » – trop bons – sentiments.

Car la question est plus vaste que de savoir comment se supporter mutuellement : elle est finalement de savoir si nous sommes aimés ! En effet, sans tomber dans les petites fleurs bleues, il semble que, de même que nous ne pouvons survivre sans respirer, nous ne pouvons nous épanouir sans ce regard positif que l'autre porte sur nous. Force est de constater que nous sommes coincés dans ce paradoxe d'un désir universel – même lorsque par déception nous le dénions cyniquement – et d'une réalité quotidienne plus prosaïque que jamais. Les multiples petites souffrances qui s'ensuivent ont tendance à nous aigrir, peu à peu, au fil des semaines, des mois et des années !

Ainsi se cristallisent en nous, sous la double motion du désir pseudo-volontaire et des influences subies, des caractères qui sont à la fois des compositions surfaites et des réactions maladroites, le plus souvent à notre insu, d'ailleurs !

Puisse cette lecture nous avoir permis d'en prendre conscience et d'avancer désormais avec un désir renouvelé. Nous gageons que la vie en entreprise peut en être transformée !

Composé par Istria
Achevé d'imprimer : Jouve, Paris
N° d'éditeur : 2984
N° d'imprimeur : 348518H
Dépôt légal : Mai 2004

Imprimé en France